2018年国家社科基金一般项目"慢性病对农村老年贫困影响的效应与机制研究"（编号：18BSH050）

中南财经政法大学"收入分配与现代财政学科创新引智基地"（编号：B20084）项目

中南财经政法大学公共管理文库

脆弱性视角下的
农民养老保障问题研究

于长永　著

中国社会科学出版社

图书在版编目(CIP)数据

脆弱性视角下的农民养老保障问题研究 / 于长永著 . —北京：中国社会科学
出版社，2019.12

（中南财经政法大学公共管理文库）

ISBN 978-7-5203-5505-6

Ⅰ.①脆… Ⅱ.①于… Ⅲ.①农民—养老—社会保障制度—研究—中国
Ⅳ.①F323.89

中国版本图书馆 CIP 数据核字（2019）第 233488 号

出 版 人	赵剑英
责任编辑	田　文
责任校对	张爱华
责任印制	王　超

出　　　版	中国社会科学出版社
社　　　址	北京鼓楼西大街甲 158 号
邮　　　编	100720
网　　　址	http://www.csspw.cn
发 行 部	010-84083685
门 市 部	010-84029450
经　　　销	新华书店及其他书店

印　　　刷	北京君升印刷有限公司
装　　　订	廊坊市广阳区广增装订厂
版　　　次	2019 年 12 月第 1 版
印　　　次	2019 年 12 月第 1 次印刷

开　　　本	710×1000　1/16
印　　　张	12
插　　　页	2
字　　　数	185 千字
定　　　价	65.00 元

前　言

如果说 20 世纪中国面临的是人口总量问题，那么，21 世纪中国面临的将是总量和结构并存的双重人口问题，其中人口结构性问题将更加突出。这是因为，随着经济的发展、社会的进步以及科学技术水平的提高，人们的预期寿命越来越长，人口老龄化和高龄化问题日益突出。同时，随着人们生育观念的转变，生育率的持续走低，又进一步加剧了人口老龄化问题的严峻性。作为一个"未富先老"和以农民为主（户籍角度）的发展中大国，中国面临着日益临近的人口老龄化和高龄化问题，而农民面临的养老问题则更为严重。解决农民的养老问题，不仅是解决"三农问题"的关键，更是促进我国经济发展、社会稳定和全面建成小康社会等具有战略意义的重大社会经济问题。

本研究立足脆弱性视角，基于 2009 年、2013 年和 2016 年的调查数据，采用描述性分析、方差分析、多元 Logistics 回归分析和集对分析等研究方法，实证分析了农民养老的脆弱性及其省际差异的影响因素；从地区和代际的角度，分析了农民当前面临的养老风险、策略与期望及其地区差异和代际差异；从群体和典型区域的角度，实证分析了农民养老风险的影响因素，并以此为基础提出了降低农民养老脆弱性，化解农民养老风险的合理性建议。

本研究共分九章内容，拟通过全局性和局部性、静态性与动态性相结合、定性分析与定量分析相结合的方法，立体的、系统的分析农民的养老保障问题。具体内容安排如下：

第一章为导言，本章首先介绍了本书选题的背景和选题的意义；其次，系统总结了国内外关于农民养老问题的若干研究进展；再次，阐述了文章的研究思路与结构安排；最后，交代了本研究的研究方法与创新之处等。

第二章为脆弱性分析框架与农民养老脆弱性，在这一章，重点介绍了脆弱性的基本概念及其分析框架，并根据脆弱性分析框架所设定的分析维度，分别从传统保障和现代保障的发展现状及其在现代社会转型中的变动趋势，对当前农民养老脆弱性给予了宏观的理论分析。

第三章为农民养老脆弱性影响因素的实证检验，在这一章，构建了"依赖与脆弱性分析框架"，从"经济依赖性——脆弱性——养老困境"的因果关系出发，利用来自全国的千户农民养老问题调查数据，通过构建计量模型和回归分析，从农民的个体特征、家庭特征、社区特征和地区特征四个方面分析了影响农民养老脆弱性的具体因素。

第四章为农民养老脆弱性省际差异的影响因素，在这一章，首先阐述了为什么要分析农民养老脆弱性的省际差异；其次，阐明了评价农民养老脆弱性省际差异的具体指标、指标权重的设置以及评价方法；再次，利用来自全国三十一个省自治区公开的截面数据，采用集对分析方法，实证分析了农民养老脆弱性省际差异的影响因素。

第五章为农民养老风险、策略与期望的代际差异。本章的逻辑前提是，在前面第3章和第4章分别分析了农民养老脆弱性的影响因素以及在农民养老脆弱性省际差异的基础上，站在代际差异的视角，具体分析农民面临的养老风险、养老的策略以及他们的养老期望，目的是从"需求侧"考察农民养老的现实需求，为农村社会保障制度建设的"供给侧"改革提供决策依据。在这一章，首先分析了农民的养老风险及其代际差异；其次分析了农民的养老策略及其代际差异；最后分析了农民的养老期望及其代际差异。

第六章为农民养老风险、策略与期望的地区差异。本章的逻辑前提是，如果说第5章是农民养老问题的纵向观察，那么，本章将是农民养老问题的横向观察，这两章内容是立体考察农民养老问题的重要构成部分。之所以如此安排行文逻辑，是因为中国是一个社会经济发展地区差异较大的国家，不同地区农民面临的养老风险、养老需求是存在很大差异的，但是，农民到底在哪些方面表现出显著差异，则需要统计数据加以验证。具体行文上，本章首先分析了农民养老风险的地区差异，其次分析了农民养老策略的地区差异，最后分析了农民养老期望的地区差异。

第七章为农民养老风险的影响因素：地区的角度。本章的逻辑前提是，如果想立体的考察农民的养老问题，不能仅仅从纵向和横向两个角度，还应该通过典型地区的调查，进一步探究农民养老问题的内在规律性。而作为落后地区的代表，XJ地区不仅民族聚集特征明显，而且经济发展落后、交通便利性较差、人口教育素质有待提高等，是一个较为典型的落后地区。因此，该地区农民养老问题的规律性，能够较好的补充第5章和第6章内容的不足。在具体行文安排上，本章首先阐述了站在XJ地区这个视角，分析农民养老问题的重要性和现实意义以及关于农民养老问题的最新动态；其次交代了本章的数据来源、变量选择与计量模型；再次对农民养老风险程度、养老风险形式及其影响因素进行了实证检验；最后是本章的小结与政策启示。

第八章为农民养老风险的影响因素：群体的角度。本章的逻辑前提是，立体考察农民的养老保障问题，需要从横向、纵向、地区和群体四个维度，全面考察农民的养老保障问题，虽然文章的第5章、第6章和第7章为立体考察农民养老问题提供了重要前提，但是缺乏针对老年人群体的具体分析，本章是前文行文逻辑的延续。本章的具体安排是，首先阐述了站在农村老年人群体角度，分析农民养老问题的重要意义及其已有研究动态；其次交代了农民养老风险的测量方法、数据来源及其样本情况；复次在理论分析的基础上，提出了本章的研究假设、变量选择和计量模型；再者，从养老资源的角度，实证分析了农村老年人养老风险的影响因素；最后是本章的小结与政策启示。

第九章为研究结论与政策建议。在这一章，本章系统总结了农民养老脆弱性影响因素、农民养老脆弱性省际差异的影响因素、农民的养老风险、策略与期望的代际差异和地区差异、农民养老风险的影响因素；在此基础上，本章从提高对农民养老保障问题的认识、增强农民养老保障的内部支撑能力、健全农民养老保障的外部保护体系和完善农民养老的其他配套设施四个方面，提出了解决农民养老保障脆弱性、抵御农民养老风险的政策建议。

目　　录

第一章　导论

第一节　选题背景与意义

一　选题的背景

当前中国正处在社会转型、体制转轨和人口转型三重进程的社会快速变革之中，这种转型与变革，对农民养老保障具有重要影响。从社会转型角度看，社会转型呼唤农民生产模式的变革、就业途径的拓宽以及就业环境的完善等，而由于传统农业生产模式的惯性影响、被固化的分散的农业生产经营制度以及城乡分割的二元社会经济结构，制约着农民的发展和农民经济收入水平的提高。从体制转轨角度看，随着市场经济的深入发展，农民的养老观念、生活方式、代际关系正在去传统化，农民的生活成本在市场化影响下快速增长，传统的家庭养老和土地保障已经严重弱化，很难应付日益严重的农民养老问题。从人口转型角度看，全世界正处于不可预测的人口转型期。老年赡养比的快速增长以及由此带来的老龄问题成为当前或今后公共政策的重大研究领域之一，而中国农村的人口老龄化程度更高、问题更严重。

2000年，农村60岁及以上老年人口已经超过农村总人口的10.92%，高出城市1.24个百分点，并且以每年3.3%的速度增加[①]。第六次人口普查数据表明，中国农村老龄化程度为15.4%，高于全国平均水平2.1个百分点。据中国人民大学杜鹏教授预测，中国人口老龄化城乡差异的趋势一

---

①　李君如、吴焰等：《建设中国特色农村社会保障体系》，中国水利水电出版社2008年版，第17页。

直持续到 2040 年前后①。由于农村经济发展的落后，农民养老面临着养老资源供求的矛盾以及老年贫困问题。据中国老龄委抽样调查，高达 39.3% 的农村老年人存在生活贫困，有 45.3% 的农村老年人认为生活得不到保障②。

但是，值得高兴的是，进入新的世纪，国家和政府已经充分认识到农民养老存在的问题以及解决农民养老保障问题的战略意义，连续多年的中央一号文件对建立健全农村社会养老保障制度提供了有利的政策环境。

二　选题的意义

(一) 选题的理论意义

从理论意义方面来看，关于农民养老问题的学术研究始于 20 世纪 80 年代中期，90 年代以来，逐渐获得发展，至今方兴未艾。从已有的研究内容来看，目前，关于解决农民养老问题的重要性、紧迫性以及可行性已基本达成共识，关于政府责任的定位也已基本明确，一些地方已经在国家财政的支持下开始试点。但是，关于农民养老保障问题的路径依赖以及农民养老的模式选择等问题仍存在较大分歧。分歧的原因在于农民的严重分化以及广大农村地区发展水平的巨大差异，农民的分化又导致不同类型的农民应对养老风险的能力、采取的策略以及制度需求的很大不同。过去的研究更多的是从制度供给的角度 ("供给侧") 来分析农民的养老保障问题，而从农民的内在需求 ("需求侧") 出发来研究农民养老保障问题的则相对较少。农民内在需求的不同源于农民养老的脆弱性不同，立足脆弱性视角分析农民的养老问题，不仅为解决农民养老问题提供了新的研究视角，而且使得立足此基础上的政策建议将更具有操作价值。

(二) 选题的实践意义

从实践价值来看，随着经济体制转轨和社会制度的转型，基于土地基础上的家庭养老传统和零星的制度安排正受到来自各方面风险的冲击。其

---

① 杜鹏、王武林：《论人口老龄化程度城乡差异的转变》，《人口研究》2010 年第 2 期。

② 华迎放、孙莹：《农村社会保障制度框架构建研究》，《人口与经济》2005 年第 4 期。

中，影响最为明显的几个因素是：人口老龄化和高龄化，截止到 2018 年底，中国 60 岁及以上老年人口已经达到 2.49 亿人，占中国人口的17.9%[①]；据全国老龄委预测，到 2050 年中国 60 周岁及以上老年人将超过4 亿人，人口老龄化水平将达到 30% 以上，其中 80 岁及以上老年人将达到9448 万，占老年人总数的 21.8%[②]。家庭规模小型化和家庭结构核心化，如图 1-1 所示，从 1950 年到 2013 年，中国户均规模从 5.3 人一直下降到2.98 人[③]；传统观念变化导致的道德约束弱化以及人口快速流动下的代际分离加大等，而且这些因素的发展趋势会随着时间的推移而使农民养老问题变得更加严重，使传统的保障方式更加脆弱。

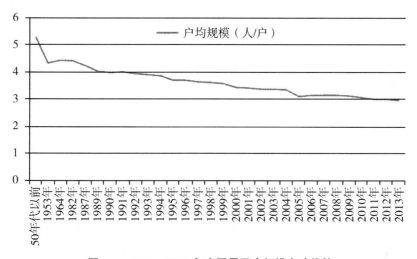

图 1-1   1950—2013 年中国居民户规模变动趋势

老有所养，是每一个老年人的共同愿望，也是老年生活幸福健康的重要前提。作为一个农村人口占绝大多数并且农村人口老龄化更加严重的农业大国，农民养老问题的解决，不仅是解决中国"三农问题"、实现农业

---

① 国家统计局：《2018 年国民经济和社会发展统计公报》（http：//www.stats.gov.cn/tjsj/zxfb/201902/t20190228_ 1651265.html）。

② 全国老龄委办公室：《中国人口老龄化发展趋势预测研究报告》，《中国社会报》2006 年 2 月 27 日。

③ 注：1987—2005 年数据来源于相应年份的《中国人口统计年鉴》。2006—2013 年数据来源于相应年份的《中国人口和就业统计年鉴》。1982 年、1964 年、1953 年数据来源于《中国人口统计年鉴2001》。20 世纪 50 年代以前数据来源于《中国家庭发展报告 2014》。

可持续发展的关键，也是进一步促进工业化、城镇化和国民经济协调发展
的关键，更是全面建成小康社会和社会主义和谐社会的重要基础。

第二节　文献回顾与评价

一　国外研究现状简述

关于农民养老问题的学术研究，无论是从实践层面，还是从理论层面，国外发达国家都已经取得了很大进展。从实践层面看，目前，世界上有170多个国家建立了社会保障制度，其中70多个国家把保障对象覆盖到农民，有些已从法律上赋予农民养老保障权，例如德国、美国、日本等。从理论研究层面看，由于国外养老普遍采取费孝通先生所描述的"接力模式"，家庭养老只是辅助性制度①，因此，西方国家在研究农民养老问题时，更多的是从制度经济学、政治经济学以及新古典主义学派，来分析如何解决农民的养老问题。从理论应用上看，目前，已有很多经典理论被应用于农民养老保障问题的研究，如庇古的福利经济学说，凯恩斯的有效需求理论，贝弗里奇的全面保障计划，米尔顿·弗里德曼的恒久收入假说等。

进入新的世纪，随着理论研究的进一步深化以及农民养老问题认识的统一，专家学者更多的是从方法上来研究如何为农民建立合理的养老保障制度，而把脆弱性概念引入可持续生计问题的研究，是目前关于养老问题研究的新进展。脆弱性研究始于20世纪70年代中期，80年代开始在社会科学领域中得到应用。世界粮食计划署（WFP）（1995）提出了由风险因素、抵抗风险的能力以及社会服务体系构成的农村人口脆弱性分析框架②。Moser（1998）指出，脆弱性是指个人、家庭和社区由于缺乏一系列资产而面临生计风险的增加③。Dercon（2001）建立了一个风险与脆弱性分析

---

① 费孝通：《家庭结构变动中的老年赡养问题——再论中国家庭结构的变动》，《北京大学学报》（哲学社会科学版）1983年第3期。

② 转引自韩峥《广西西部十县农村脆弱性分析及对策建议》，《农业经济》2002年第5期。

③ Moser, Caroline：The Asset-vulnerability Framework：Reassessing Urban Poverty Reduction Strategies, Washington D. C.：World Bank, 1998.

框架，他在该框架中指出，农民面临的主要风险包括资产风险、收入风险和福利风险①。Sharp（2003）在非洲开展的关于生计资产的计量研究，为从可持续生计角度分析农民养老脆弱性提供了重要参考②。从研究趋势看，随着脆弱性科学地位的逐步确立，人们更多的是从脆弱性角度来分析农民的可持续生计以及养老保障问题，脆弱性将是农民养老保障问题研究的一个新的领域。

二　国内研究现状述评

国内关于农村养老问题的学术研究始于 80 年代中期，经过 20 多年的实践和探索，政府、学界和业界在解决农村养老问题的重要性、紧迫性及战略意义上达成共识，认为农村养老问题是中国养老事业的关键问题③，是 21 世纪中国最大的社会问题之一④，是一个值得关注的严峻问题⑤。其研究动态主要体现在以下几个方面：

关于农民养老保障内容与发展趋势的研究。养老一般是针对老年人的需求而言的，老年人既有物质上的需求，也有生活照料和精神慰藉及心理关怀上的需求。穆光宗（2004）认为，相对于物质上的供养，"精神赡养"问题显得独特而且重要，"独特"是说精神赡养问题的性质不同于物质赡养或经济供养；"重要"是指这一问题直接关系到老年人的健康价值、生活质量和家庭幸福⑥。

养老的基本内容，包括经济和非经济两个方面。经济性养老包括物质或货币供给，非经济性养老是指精神赡养、日常照料和健康维护，狭义的养老概念包括经济保障、生活保障、医疗保障和精神保障⑦。应当看到，

① Dercon, Stefan: Assessing Vulnerability to Poverty, Jesus College and CSAE, Department of Economics, Oxford University, 2001.

② Sharp, Kay: Measuring Destitution: Integrating Qualitative and Quantitative Approaches the Analysis of Survey Data, IDS Working Paper 217, 2003.

③ 于景元、袁建华等：《中国农村养老模式研究》，《中国人口科学》1992 年第 1 期。

④ 转引至于长永《农村养老问题的若干研究进展》，《乡镇经济》2008 年第 6 期。

⑤ 李建新、于学军等《中国农村养老意愿和养老方式的研究》，《人口与经济》2004 年第 5 期。

⑥ 穆光宗：《老年人口的精神赡养问题》，《中国人民大学学报》2004 年第 4 期。

⑦ 穆光宗：《独生子女家庭的非经济养老风险及其保障》，《浙江学刊》2007 年第 3 期。

经济上的赡养与精神上的赡养是一个完整的"老有所养"的概念不可分割的两个方面,任何偏废一方的做法都是会有损"老有所养"的质量的①。吴帆(2007)认为,老年人的需求包括经济供养、生活照料、心理慰藉和社会公共服务(交通、建筑、卫生等)等方面②。随着人类的发展和社会的进步,精神需求较之物质需求将更为强烈和重要,精神需求的层次和社会对人的精神需求的关注程度,将成为影响人的生活质量和社会发展的关键所在③。

关于农民养老保障资源及其变动趋势的研究。从动态的角度讲,养老的本质是指养老资源的供给满足养老需求的过程。关于农村养老问题,王述智、张仕平(2001)指出,养老问题应涵盖"谁来养"、"养不养"、"怎么养"和"养得怎么样"四个方面的内容,并认为"谁来养"是养老的首要问题④。宋健(2001)将上述四个方面概括为:养老的主体问题、养老的态度问题、养老的模式问题和养老的效果问题,四个方面在农村养老问题研究中缺一不可,同时还应考虑养老的客体和养老的环境⑤。

透过上述观点,我们不难发现上述一切养老问题的关键或实质都最终归结为"养老资源"问题。柴效武(2005)指出,养老资源不仅是指传统概念的养老资金,还包括国家、社会、家庭以及个人等养老主体,所拥有的能够对养老事业的开展带来实际效用,并有助于养老事业开办的一切资源⑥。养老问题的实质是指老年人的依赖性养老需求能否得到满足以及满足程度的问题,养老问题的根本解决需要各种各样的养老资源。但随着农村社会的变革,农民的养老资源正变得越来越少。黄乾(2005)从供给者的角度,把养老资源分为家庭资源、自我资源和制度性资源,但前两种资源供给正在减少,而制度性资源供给不足⑦。周莹、梁鸿(2005)从决定

---

① 穆光宗:《老年人需要精神赡养》,《中国人口报》1994年12月19日。
② 吴帆:《中国养老资源供求状况与社会工作介入模式分析》,《人口学刊》2007年3期。
③ 周绍斌:《老年人的精神需求及其社会政策意义》,《市场与人口分析》2005年第6期。
④ 王述智:《关于当前中国农村养老问题及其研究的思考》,《人口学刊》2001年第1期。
⑤ 宋健:《农村养老问题研究综述》,《人口研究》2001年第6期。
⑥ 柴效武:《养老资源探析》,《人口学刊》2005年第2期。
⑦ 黄乾:《农村养老资源供给变化及其政策含义》,《人口与经济》2005年第6期。

养老资源的主要方面即收入角度论证了当前农村养老资源缺失严重①。

关于农民养老保障模式及其存在问题的研究。目前，家庭养老被认为是最普遍和最主要的方式，但就其内涵以及其他辅助养老模式的构成及其作用，仍存在分歧。于景元等（1992）认为，老年人口的经济来源和居住的家庭类型构成老年人口的养老模式，不同的经济来源和居住家庭类型形成不同的老年人口养老模式②。王梅等（1994）认为中国农村家庭养老保持了相对完整的传统格局，自我供养和子女供养是两种主要形式，但经济供养水平很低③。

于学军（1995）认为，从家庭养老的发展阶段来看，中国正处于家庭养老为主、社会养老为辅向社会养老为主、家庭养老为辅转化的阶段④。刘从龙（1996）认为，目前我国农村养老主要有家庭养老、自己养老、社区养老和社会养老等方式⑤。穆光宗（2000）从"养老支持力"的来源角度，把养老模式区分为家庭养老、社会养老、自我养老⑥。陈彩霞（2000）认为，家庭养老、集体养老和社会养老保障是目前大部分农村地区的三种基本养老方式⑦。李建新等（2004）认为，目前在农村传统的养老方式有家庭养老、子女养老、土地养老等⑧。乐章（2005）认为，目前在农村除"三无"老人可享受一点社会保障、极少数富裕地区农民能享受社区养老外，农村老人基本上都是依靠自己或家庭⑨。

关于农民养老保障意愿及其影响因素。老年人是养老的主体，老年人的养老意愿，应该成为研究和解决农民养老问题的重要依据。宋宝安认为，以往的研究往往从"社会能够给予老年人什么"的角度，而不是从"老年人需要什么"的角度探讨问题，造成制度供给与实际需求的矛盾，

① 周莹、梁鸿：《中国农村养老资源缺失问题研究》，《南方人口》2005年第4期。
② 于景元、袁建华、何林：《中国农村养老模式研究》，《中国人口科学》1992年第1期。
③ 王梅、夏传玲：《北京中青年家庭养老现状分析》，《人口研究》1994年第4期。
④ 于学军：《中国人口老化的经济学研究》，《中国人口科学》1995年第6期。
⑤ 刘从龙：《探索中的中国社会养老保险》，《党政干部文摘》2006年第2期。
⑥ 穆光宗：《中国传统养老方式的变革和展望》，《中国人民大学学报》2000年第5期。
⑦ 陈彩霞：《经济独立才是农村老年人晚年幸福的首要条件》，《人口研究》2000年第2期。
⑧ 李建新、于学军等：《中国农村养老意愿和养老方式的研究》，《人口与经济》2004年第5期。
⑨ 乐章：《风险与保障：基于农村养老问题的一个实证分析》，《农业经济问题》2005年第9期。

不但没有满足老年人的需要，还造成了养老资源的极大浪费①。近年来，随着农民养老问题成为社会的热点，农民的养老意愿成为人们关注较多的新问题。

李建新等（2004）在2002年的社会调查分析后得出老年人的子女数、年龄、性别、文化程度、经济状况五个因素对老年人的养老意愿有显著影响，而婚姻状况与职业类别对养老态度没有呈现出统计上的显著性影响②。宋宝安（2006）2003年的实证研究显示，性别、年龄、教育程度、婚姻状况、居住地、健康状况、职业类别、家庭关系和家庭地位，都对老年人养老模式的态度对待有影响，而家庭收入情况与养老态度无关③。孔祥智、涂圣伟（2007）的实证研究显示，年龄、受教育程度、性别、职业状态、地区分布等对农户养老意愿存在显著影响，而农户的家庭特征变量对农户养老意愿没有显著性影响④。因此，进一步研究农民养老意愿的影响因素，对于化解农民养老风险的路径选择具有重要意义。

关于农民养老保障问题的解决路径。基于农民养老的全局性意义，很多专家学者提出了多种有重要参考价值的农民养老保障途径。毛才高（1998）提出农民养老应走社会统筹、个人账户、家庭养老三结合的模式，并认为"三结合"的养老保障模式，既突出了农村养老以自我保障为主，同时也兼顾到特别困难的老人由社会统筹⑤。巴力（1999）提出以家庭养老为主干，完善农民养老保险体系以解决广大农民的养老问题⑥。陈彩霞（2000）认为，虽然目前在广大农村地区家庭养老是主要形式，但社会化养老是未来的发展趋势⑦。

郑功成（2001）主张建立混合型的老年保障体系，其中家庭保障应成

---

① 宋宝安：《老年人口养老意愿的社会学分析》，《吉林大学社会科学学报》2006年第4期。

② 李建新、于学军等：《中国农村养老意愿和养老方式的研究》，《人口与经济》2004年第5期。

③ 宋宝安：《老年人口养老意愿的社会学分析》，《吉林大学社会科学学报》2006年第4期。

④ 孔祥智、涂圣伟：《我国现阶段农民养老意愿探讨》，《中国人民大学学报》2007年第3期。

⑤ 毛才高：《从传统的家庭养老谈我国农村养老模式的发展与对策》，《江苏社会科学》1998年第1期（人大复印资料转载）。

⑥ 巴力：《以家庭养老为主干完善农民养老保险体系》，《经济经纬》1999年第3期。

⑦ 陈彩霞：《经济独立才是农村老年人晚年幸福的首要条件》，《人口研究》2000年第2期。

为今天乃至未来老年保障体系的基础①。高和荣（2002）认为，中国农村应当以家庭为养老载体，解决家庭养老存在的问题，完善养老保险方案，探索家庭养老的社会化②。卢海元（2003）针对失地农民问题，提出了"土地换保障"的基本设想，并得到了政府以及学界的广泛认同③。杨立雄（2006）认为，目前在我国农村开展养老保险还不具备条件，并提出农村养老应从社会保险退回到社会救助，以非缴费性的老年津贴方案代替现行的以缴费为资格的养老保险制度④。由此可以看出，农民养老问题的路径选择分歧较大，分歧的原因主要是没有考虑社会变革中不同农民的脆弱性程度及其面临的养老风险问题。

　　关于农民养老保障问题研究视角及现状。随着城市居民社会保障的逐步健全，农民养老问题越来越多地受到专家学者的关注。国内关于研究农民养老保障的视角，主要可以概括为以下几个方面：王国军（1998）从二元社会保障视角，分析了当前农村社会保障存在的问题及其原因，并提出了构建"三维"的社会保障模式⑤。李迎生（2002）从城乡整合视角，分析了我国城乡二元社会保障制度的形成与发展，并提出了整合城乡社会保障的基本设想⑥。巫俏冰（2002）从过程视角，分析了农民养老保障制度存在的问题及其原因，并提出了制定社会保障政策应该体现各方主体的参与和互动作用⑦。

　　原新（2004）从人口学的视角，分析了独生子女家庭的养老支持现状，指出未来养老模式应该是社会与家庭供养资源的整合，走社会养老、

---

　　① 郑功成：《推进我国社会保障改革的几点思考》，《中国软科学》2001 年第 4 期。

　　② 高和荣：《构建中国农村养老方式——以江苏两镇为例》，《人口学刊》2002 年第 1 期。

　　③ 卢海元：《土地换保障：妥善安置失地农民的基本设想》，《中国农村观察》2003 年第 6 期。

　　④ 杨立雄：《"进城"，还是"回乡"？——农民工社会保障政策的路径选择》，《湖南师范大学社会科学学报》2004 年第 2 期（人大复印资料转载）。

　　⑤ 王国军：《社会保障：从二元到三维》，《科技导报》1998 年第 8 期。

　　⑥ 李迎生：《从分化到整合：二元社会保障体系的起源、改革与前瞻》，《教育与研究》2002 年第 8 期。

　　⑦ 巫俏冰：《社会政策研究的过程视角——以北京市农村社会养老保险制度为例》，《社会学研究》2002 年第 1 期。

居家养老、家庭养老、社区服务等多种形式相互结合的道路①。丁士军、陈传波（2005）从脆弱性视角，分析了社会转型时期的中国农村老年人的保障问题②。乐章（2006）从风险与保障的视角，指出传统的家庭保障和土地保障已难以规避市场经济条件下农民所面临的巨大风险，农民对农村社会保障的制度需求非常迫切③。侯志阳（2007）从文化社会学的视角，分析了农村养老文化的变迁与困境，并提出了相应的对策④。晋利珍（2008）从经济伦理的视角，分析了罗尔斯正义论对构建我国农村社会养老保障的启示意义⑤。王翠琴（2008）从公共财政的视角，指出农民工社会养老保障建立应得到公共财政的支持的结论⑥。申曙光等（2009）从公平的视角，分析了农民工问题的建设路径问题。还有其他学者从社会排斥的视角分析农民养老保障问题等。

　　从当前的研究现状来看，关于农民养老保障问题的研究，处于共识与分歧共存的局面。目前，关于农民养老保障建立的必要性、重要性以及重大意义，已经基本上达成共识，对于农民养老保障的内容，即经济需求、照料需求以及精神需求三个方面也基本上得到认同，但对建立农村社会养老保障制度的条件和时机、关于农村社会养老保障制度实施的模式、关于农村养老资源的变动趋势、关于农村农民养老保障意愿的影响因素等方面，仍存在分歧与认识上的不足。关于农民工和失地农民的社会养老保障问题也存在很大的分歧，如何完善失地农民的补偿模式，实现失地农民的可持续生计，是当前失地农民养老保障的研究重点。如何促进农民工就业、建立反歧视与反排斥的农民工社会养老保障制度是农民工问题的研究热点和难点。

---

　　① 原新：《独生子女家庭的养老支持——从人口学视角的分析》，《人口研究》2004年第5期。

　　② 丁士军等：《经济转型时期的中国农村老年人保障》，中国财政经济出版社2005年版，第66—67页。

　　③ 乐章：《他们在担心什么：风险与保障视角中的农民问题》，《农业经济问题》2006年第2期。

　　④ 侯志阳：《一个文化社会学的新视角：管窥农村养老文化的困境与出路》，《人口与计划生育》2007年第8期。

　　⑤ 晋利珍：《罗尔斯公平正义论对我国农村社会保障制度建设的启示——基于经济伦理视角的分析》，《人口与经济》2008年第1期。

　　⑥ 王翠琴：《农民工养老保险问题分析——基于公共财政的视角》，《当代财经》2008年第9期。

从农民养老保障的研究视角来看，不同的学者站在不同的视角，对农民养老保障问题给予定性分析和实证研究，提出了很多建设性建议。但从脆弱性视角来分析农民的养老问题还比较少，国内学者只有丁士军从脆弱性视角分析了转型时期中国农村老年人的保障问题。本书认为，随着社会的发展与体制的变革，农民已经出现了严重的内部分化，不同农民拥有的财富大不相同，拥有的养老资源也苦乐不均，不同的农民基于个体特征以及家庭资源禀赋等原因，在面临养老风险时，其脆弱性大不相同。因此，站在脆弱性视角来分析农民的养老保障问题，具有重要的理论意义与实践价值。

本书从脆弱性视角出发，通过定性分析和计量研究，分析农民养老的脆弱性及其影响因素，分析了农民面临的养老风险、采取的养老策略以及养老期望，有针对性地提出了降低农民养老保障脆弱性，增强抵抗养老风险的合理性建议，以期为解决农民的养老保障问题提供政策参考价值。

第三节　研究思路与结构安排

一　基本研究思路

本书的研究思路基于前述所及的背景，即中国目前仍是发展中国家，农民（户籍人口）占总人口中的绝大多数，国家统计局公布的报告显示，新中国成立 70 年来，中国的城镇化率快速增长，从 1949 年的 10.64% 增长到 2018 年的 59.58%，比 1949 年提高 48.94 个百分点，年均提高 0.71 个百分点[①]。但是，从户籍人口城镇化率来看，截止到 2018 年底，中国户籍人口城镇化率为 43.37%，还未达到 50%；大部分农民收入水平低且增长缓慢，农村地区经济发展很不平衡，农民传统家庭养老保障趋向弱化[②]，而现代社会养老保障制度虽然已经初步建成较为完善的制度体系，但是农

---

① 《国家统计局发布报告显示——70 年来我国城镇化率大幅提升》，http：//www.gov.cn/shuju/2019-08/16/content_ 5421576.htm。

② 于长永、代志明、马瑞丽：《现实与预期：农村家庭养老弱化的实证分析》，《中国农村观察》2017 年第 2 期。

村社会养老保障水平极低，且增长缓慢，2009 年基础养老金只有 55 元左右，即便是发展到 2018 年底，基础养老金平均也只有 80 元左右①。

在人口老龄化和高龄化快速发展的背景下，社会经济变革导致农民分化严重，不同类型的农民由于性别年龄结构、家庭规模结构、收入水平、资产积累、传统文化以及居住地区的交通便利性等不同，导致他们所拥有的自我风险管理能力不同，其养老脆弱性程度就不一样。如何通过一种科学的分析方法，找到影响农民养老脆弱性的重要因素，探究社会转型背景下农民面临的养老风险、养老策略以及养老期望，有针对性地提出降低农民养老保障脆弱性、增强农民抗风险能力的养老保障模式建设的政策建议，为解决农民老有所养问题的政策制定，提供理论参考和政策启示。

二　结构安排

本书共分九章内容，拟通过全局性和局部性、立体性、静态性与动态性相结合、定性与定量相结合的方法，系统分析农民的养老保障问题。具体内容安排如下：

第一章为导论，首先介绍了选题的背景和选题的意义；其次，系统总结了国内外关于农民养老问题的若干研究进展；再次，阐述了研究思路与结构安排；最后，交代了本书的研究方法与创新之处等。

第二章为脆弱性分析框架与农民养老的脆弱性，在这一章，重点介绍了脆弱性的基本概念及其分析框架，并根据脆弱性分析框架所设定的分析维度，分别从传统保障和现代保障的发展现状及其在现代社会转型中的变动趋势，对当前农民养老脆弱性给予了宏观的理论分析。

第三章为农民养老脆弱性影响因素的实证检验，在这一章，构建了"依赖与脆弱性分析框架"，从"经济依赖性—脆弱性—养老困境"的因果关系出发，利用来自全国的千户农民养老问题调查数据，通过构建计量模型和回归分析，从农民的个体特征、家庭特征、社区特征和地区特征四个方面，分析了影响农民养老脆弱性的具体因素。

---

① 《2019 调整养老金最新消息　农村居民养老金水平或再提高》，https：//www.zhicheng.com/gncj/n/251536.html。

第四章为农民养老脆弱性省际差异的影响因素，在这一章，首先阐述了为什么要分析农民养老脆弱性的省际差异；其次，阐明了评价农民养老脆弱性省际差异的具体指标、指标权重的设置以及评价方法；再次，利用来自全国三十一个省、市、自治区公开的截面数据，采用集对分析方法，实证分析了农民养老脆弱性省际差异的影响因素。

第五章为农民养老风险、策略与期望的代际差异。本章的逻辑前提是，在前面第三章和第四章分别分析了农民养老脆弱性的影响因素以及农民养老脆弱性省级差异的基础上，从代际差异的视角，具体分析农民面临的养老风险、养老的策略以及他们的养老期望，目的是从"需求侧"考察农民养老的现实需求，为农村社会保障制度建设的"供给侧"改革提供决策依据。在这一章，首先分析了农民的养老风险及其代际差异；其次分析了农民的养老策略及其代际差异；最后分析了农民的养老期望及其代际差异。

第六章为农民养老风险、策略与期望的地区差异。本章的逻辑前提是，如果说第五章是农民养老问题的纵向观察，那么，本章将是农民养老问题的横向观察，这两章内容是立体考察农民养老问题的重要构成部分。之所以如此安排，主要是因为，中国是一个社会经济发展地区差异较大的国家，不同地区农民面临的养老风险、养老需求是存在很大差异的，但是，农民到底在哪些方面表现出显著差异，则需要统计数据加以验证。具体行文上，本章首先分析了农民养老风险的地区差异，其次分析了农民养老策略的地区差异，最后分析了农民养老期望的地区差异。

第七章为农民养老风险的影响因素：地区的角度。本章的逻辑前提是，如果想立体地考察农民的养老问题，不能仅仅从纵向和横向两个角度，还应该通过典型地区的调查，进一步探究农民养老问题的内在规律性。而作为落后地区的代表，XJ地区属于非常典型的落后地区，不仅民族聚集特征明显，而且社会经济发展落后、交通便利性较差、人口教育素质有待提高等。因此，该地区农民养老问题的规律性，能够较好地补充第五章和第六章内容的不足。在具体行文安排上，本章首先阐述了站在XJ地区这个区域视角，分析农民养老问题的重要性和现实意义以及关于农民养老问题的最新动态；其次交代了本章的数据来源、变量选择与计量模型；

再次对农民养老风险程度、养老风险形式及其影响因素进行了实证检验；最后是本章的小结与政策启示。

第八章为农民养老风险的影响因素：群体的角度。本章的逻辑前提是，作者认为立体考察农民的养老保障问题，需要从横向、纵向、地区和群体四个维度，全面考察农民的养老保障问题，虽然第五章、第六章和第七章为立体考察农民养老问题提供了重要前提，但是缺乏针对老年人群体的具体分析，本章是前文行文逻辑的延续。本章的具体安排是，首先阐述了站在农村老年人群体分析农民养老问题的重要意义及其已有研究动态；其次交代了农民养老风险的测量方法、数据来源及其样本情况；再次在理论分析的基础上，提出了本章的研究假设、变量选择和计量模型；复次，从养老资源的角度，实证分析了农村老年人养老风险的影响因素；最后是本章的小结与政策启示。

第九章为研究结论与政策建议。在这一章，系统总结了农民养老脆弱性的影响因素、农民养老脆弱性省际差异的影响因素、农民的养老风险、策略与期望的代际差异和地区差异、农民养老风险的影响因素；在此基础上，从提高对农民养老保障问题的认识、增强农民养老保障的内部支撑能力、健全农民养老保障的外部保护体系和完善农民养老的其他配套设施四个方面，提出了解决农民养老保障脆弱性、抵御农民养老风险的政策建议。

第四节　研究方法与创新之处

一　研究方法

研究方法是认识事物、探究事物发展规律的一种工具或手段。针对某一相同的问题，采用不同的研究方法既可以得出相同的结论，也可以得出不同的结论，其关键就在于研究者所站的视角是否相同。

本书站在脆弱性视角，在文献研究法的基础上，采用了数据收集中的分层随机抽样调查研究方法、数据统计分析方法中的描述性统计分析法、计量模型中的 Multinational Logistics 回归模型、脆弱性评价中的集对分析方法、均值比较中的方差分析方法以及理论分析中的定性分析方法等。

二　创新之处

本书在以下三个方面具有新意：一是本书的数据是笔者亲自参与的农村大型社会问题问卷调查，调查数据的规模较大，样本量超过了1000。其中，2009年收回有效问卷1032份；2016年收回有效问卷1395份，属于大样本调查数据；二是本书的研究视角具有新意，从脆弱性角度来分析农民的养老保障问题，目前在国内的学术研究中并不多见；三是本书的研究方法具有新意，定量研究方法中，分别采用了多项Logistic回归模型和集对分析方法，其中，集对分析是较为新颖的脆弱性评价方法，多项Logistics回归模型也与一般的二元Logistic和线性回归有较大不同。

三　不足之处

本书的不足之处主要表现在以下几个方面：一是本书虽然分别使用了2009年全国的调查数据、2016年全国的调查数据和2013年典型地区的调查数据，从时间上来看具有动态性和立体性，但是本书的调查数据并不属于跟踪调查，因此，无法形成时间序列数据；二是在调查过程中，并不是严格按照完全随机抽样的原则进行的（因为完全随机非常困难，而且成本极高，难以实施），也给调查数据的质量带来了一定问题；三是在分析农民养老脆弱性的影响因素时，本书主要是从经济保障角度对此进行了定量的分析，而没有考虑农民养老的非经济方面，这在一定程度上影响了模型的严密性。不过，这也正是作者以后有待进一步研究的重点和方向。

第二章　脆弱性分析框架与农民养老的脆弱性

第一节　脆弱性缘起及其概念

脆弱性概念起源于对自然灾害问题的研究，1974 年学者怀特（G. F. White）在其专著 *Natural Hazards：Local，National，Global* 一书中首次提出了"脆弱性"概念[1]。在地学研究领域，Timmerman P. 于 1981 年第一次使用了脆弱性概念[2]。在经济学研究领域，Hyman P. Minsky 在 1982 年系统提出了"金融脆弱性假说"，认为金融脆弱性是由金融业高负债经营的行业特点所决定[3]。

目前，脆弱性概念已经被广泛应用于自然科学、地理科学、社会科学，甚至是生命科学等多种科学领域和研究方面。在社会科学领域，脆弱性研究主要体现在经济学领域中的银行或金融系统脆弱性研究和社会学领域中的反贫困以及可持续生计问题的研究等。随着脆弱性科学地位的逐步确立，有关脆弱性问题的研究正成为学界、业界以及政府政策制定领域日益关注的重要问题。

脆弱性作为一门新兴的科学正逐渐得到学界的认同，但是目前关于脆弱性本质、脆弱性的构成要素以及各要素之间的联动对系统脆弱性的影响并没有一个科学的界定。由于脆弱性概念被广泛应用于多种科学领域和学

---

① G. F. White, *Natural Hazards：Local，National，Global*, Oxford：Oxford University Press，1974.

② Timmerman P. Vulnerability, Resilience and the Collapse of Society：A Review of Models and Possible Climatic Applications. Toronto，Canada：Institute for Environmental studies，University of Toronto，1981.

③ Hyman P. Minsky.《The Financial Fragility Hypothesis：Capitalist Process and the Behavior of the Economy in Financial Crises》，Edited by Cambridge University Press，1982.

科领域，又由于脆弱性是一个多维度的和动态的概念，不同的专家学者从不同的学科领域和不同的视角出发，总会有各自对脆弱性概念的不同界定，因此脆弱性概念并未达成共识。

回顾已有的国内外研究文献，脆弱性概念的界定出现了多种不同的认识，主要有以下五种界定①：其一，脆弱性是暴露于不利影响或遭受损害的可能性；其二，脆弱性是遭受不利影响损害或威胁的程度；其三，脆弱性是承受不利影响的能力；其四，脆弱性是一种概念的集合（包括风险、敏感性、适应性和恢复力等）；其五，脆弱性是由于系统对扰动的敏感性和缺乏抵抗力而造成的系统结构和功能容易发生改变的一种属性。

从以上五种界定来看，第一种界定与风险类似；第二种界定强调了系统面对扰动的结果；第三种界定强调了系统的应对能力和抵抗力，而应对能力和抵抗力是脆弱性的表征，不是脆弱性本质；第四种界定也是强调了脆弱性的表征；第五种界定从系统的内部结构和功能角度来分析脆弱性，这一概念界定较为准确，但也有一定缺陷。因此，本书认为，有必要在已有研究的基础上，对脆弱性概念进行更进一步分析。

从字面上来看，脆弱性（Vulnerability）由两个核心字构成，即"脆"和"弱"，脆即易碎，弱指抵抗力差。所谓脆弱性是指由个体、组织、系统的内部结构和特征（包括系统构成组件、内部结构甚至时间因素等）决定的，由于对内外风险扰动的敏感性高、抵抗能力差和弹性小而容易在内外风险冲击中失去其系统原有结构、状态、存在形式及其功能的一种属性和不稳定状态。这种属性或状态是由其内部特征决定的、是与"生"俱来的一种系统特征，内外部风险的扰动或人为的行为对系统脆弱性程度具有放大或缩小作用，并是影响系统脆弱性属性显性化的直接原因，但不是决定因素。

脆弱性不是一个"显性"的特征，而是"隐显"② 于其载体之内，其显性化是风险与暴露的函数。脆弱性是一个相对的概念，即脆弱性的判断有一个现实或潜在的参照项。敏感性高、抵抗能力差和恢复能力低等是脆

---

① 李鹤、张平宇、程叶青：《脆弱性的概念及其评价方法》，《地理科学进展》2008 年第 2 期。

② 向新民：《对金融脆弱性的再认识》，《浙江学刊》2005 年第 1 期。

弱性事物的显著表征。脆弱性是一个动态的概念，其动态性表现在系统脆弱性程度会随着系统内部结构和特征的改变而改变，具体来说就是指脆弱性物体可以通过其自身或人为因素改变其内部结构和其对风险的暴露，而改变其脆弱性程度和增加其抵抗力，最终使得脆弱性对象表现出较低脆弱性的特征，增加系统的稳定性。

一个系统在这一时刻脆弱性较低，但在另一个时刻，由于其内部结构和特征的变化，脆弱性可能更高。"脆弱性人人都有，甚至薪俸优厚的公务员也很脆弱，他们也会失去工作并陷入贫困之中。"① 正是脆弱性的动态性，才使得脆弱性研究具有了理论意义和实践价值。分析系统脆弱性的构成要素及其脆弱性显性化的影响因素，通过改变系统的内部支撑能力、外部保障能力和风险环境，来降低系统的脆弱性，增强系统的稳定性，进而减少社会的不稳定因素，促进社会经济的可持续健康发展，这也是本书选题的意义所在。

第二节　脆弱性分析维度与框架

一　脆弱性分析维度

维度（Dimension）是指连接两种同种空间的通路，维度是一种视角，反映事物的一个方面，是一种判断、说明、评价和确定一个事物的多方位、多角度、多层次的条件和概念。例如人类的需要包括生理、心理和社会三个维度，马斯洛还提出了人类需要的五个维度等。套用在脆弱性维度上，是指认识和了解脆弱性本质的一种视角，反映脆弱性问题的一个方面。

脆弱性是一个多维度的概念，Lydia Feito（2007）认为，脆弱性至少有两个不同的维度，即人类学维度（Anthropological Dimension）和社会学维度（Social Dimension），前者是指人类内在的脆弱性条件（Intrinsically Vulnerable Condition），后者指的是由自然环境（Natural Environment）和社

---

① 世界银行：《2000—2001年世界发展报告：与贫困作斗争》，中国财政经济出版社2001年版，第140页。

会环境（Social Settings）变化所导致的敏感性（Susceptibility）的增加，产生了脆弱性空间（Vulnerability Spaces）和脆弱性人口（Vulnerable Populations）[1]。脆弱性分析维度是构建脆弱性分析框架的基本要素。

基于上述分析，本书认为农民养老脆弱性分析维度应该站在"家庭单位"的视角，从农民的人口学特征维度、家庭资源禀赋维度、制度环境维度和风险扰动维度等，来分析农民养老脆弱性及其存在的主要问题。

二 脆弱性评价及其框架

脆弱性评价是指对某一自然、人文系统自身的结构、功能进行探讨，预测和评价外部胁迫（自然的和人为的）与内在扰动对系统可能造成的影响，以及评估系统自身对外部胁迫和内在扰动的抵抗力以及从不利影响中恢复的能力，其目的是维护系统的可持续发展，减轻外部胁迫和内在扰动对系统产生的不利影响，为退化系统的综合整治提供决策依据[2]。

回顾脆弱性研究的历史，关于脆弱性的测度方法有很多，归纳起来可以分为定性分析和定量分析两大类，在早期的研究中主要使用定性分析，如历史事件分析法和定性指标分析，而近年来，越来越多的研究开始采用量化分析法，主要包括定量指标分析法和计量分析法[3]。

从脆弱性评估的主要内容来看，主要包括以下几个问题[4]：一是，研究对象面临的主要扰动或冲击是什么？二是，脆弱性较高（低）的单元具有什么典型特征？三是，研究领域（内）的脆弱性时间、空间格局如何？四是，决定脆弱性特征的主要因素是什么？五是，如何降低被评价单元的脆弱性？

从脆弱性评价方法来看，李鹤等根据梳理有关脆弱性研究的文献，总结出脆弱性评估的五种基本方法，即综合指数法、图层叠置法、脆弱性函

---

① Lydia Feito. Vulnerability. An. Sist. Sanit. Navar. 2007；30（Supl. 3）：7-22.

② 刘燕华、李秀彬：《脆弱性生态环境与可持续发展》，《背景》，商务印书馆2001年版，第45—51页。

③ 陈华：《中国银行体系脆弱性的综合判断与测度》，《学术研究》2006年第3期。

④ 参考：Tunner II B L，Kasperson R E，Matson P A，ea al. A Framework for Vulnerability Analysis in Sustainability Science. PNAS，2003，100（14）：8074-8079。

数模型、模糊物元评价法、威胁度分析法①。其中，综合指数法由于其简单、容易操作，在脆弱性评价中被广泛使用。

在社会学领域，脆弱性在世界各国反贫困及可持续生计（Sustainable Livelihoods）研究中得到广泛应用。1995 年，世界粮食计划署（WFP）提出关于农村人口脆弱性的分析框架，在该框架中，从三个维度来分析农村人口的脆弱性问题：一是风险因素。即面临食物不足的风险，风险越高，脆弱性越高。二是抵御风险的能力。即能力越强，脆弱性越低。三是社会服务体系。它反映某一地区的社会发展水平，地区社会发展水平越高，越有利于贫困人口抵御各种风险②。因此，脆弱性也就越低。韩峥认为，上述三个维度综合起来，是一种能够较为全面反映研究对象脆弱性的分析框架③。Dercon 构建了一个风险和脆弱性分析框架④。这一框架将农户的各类资源、收入、消费以及相应的制度安排很好地纳入一个体系之中⑤。

李小云等根据英国国际发展署（DFID）提出的可持续农户省级框架，利用 Sharp 在非洲开展的关于生计资产的量化研究，从农户所拥有的五大类生计资产——人力资产、自然资产、物质资产、金融资产和社会资产——角度，通过将生计资产指标化，测量出农户各个生计资产的指标数值，勾画出农户生计资产的总体水平，借以说明农户的脆弱性程度⑥。基于以上分析，本书认为，农民养老脆弱性分析框架是由农民的人口学特征维度、家庭特征维度、保障体系维度以及风险冲击维度构建的一个反映农民养老风险敏感性高、抵抗力差和恢复力低的一种综合分析方法。

---

① 李鹤、张平宇、程叶青：《脆弱性的概念及其评价方法》，《地理科学进展》2008 年第 2 期。

② 转引至李小云等《农户脆弱性分析方法及其本土化应用》，《中国农村经济》2007 年第 4 期。

③ 韩峥：《脆弱性与农村贫困》，《农业经济问题》2004 年第 10 期。

④ Dercon, Stefan: Assessing Vulnerability to poverty, Jesus College and CSAE, Department of Economics, Oxford University, 2001.

⑤ 陈传波：《农户风险与脆弱性：一个分析框架及贫困地区的经验》，《农业经济问题》2005 年第 8 期。

⑥ 李小云、董强等：《农户脆弱性分析方法及其本土化应用》，《中国农村经济》2007 年第 4 期。

第三节　农民养老脆弱性及其来源

一　农民养老脆弱性的解释

基于前面关于脆弱性概念的界定，农民养老脆弱性是指由农民的个体特征（包括性别、年龄、健康状况、婚姻状况、文化程度、生产技能等因素）、家庭特征（包括家庭规模、家庭结构、家庭整劳动力、家庭收入、家庭资产情况等）和保障体系特征（包括土地保障、集体保障、社会保障制度等）等因素决定的农民老年生活极易在内部风险冲击或外界风险扰动下而遭受福利损失或陷入养老困境的一种属性或不稳定状态。这种属性或不稳定状态的基本特征包括，农民养老保障的低水平，应对风险的低能力，正常老年生活容易陷入困境，在风险冲击中不借助外力辅助，难以从受损的状态中恢复等。

农民养老是一个多维度的概念，它既可指一种生活状态，也可指一种社会经济甚至文化行为，还可以称之为一种复杂的系统工程。作为一种生存状态，农民养老具有静态性特征，而作为一种行为或系统工程，农民养老则具有动态性。静态性的农民养老脆弱性是指农民的这种低保障水平的生存或生活状态，极易被内外界细微的扰动而失去既有的平衡，甚至陷入生存的困境。用斯科特的话说就是：农民生活或养老"处于'水深及颈'的状态，任何'细微的波澜'都可能使其陷入灭顶之灾"[1]。

作为一种动态的农民养老脆弱性，指的则是农民养老处于动态的发展变化之中，这种变化更多地体现在农民的养老条件、养老基础、养老能力以及养老环境等的动态发展，从观察的情况来看，这种农民养老的动态变化，虽然有有利的方面，比如农村经济发展水平的提高、社会保障覆盖面的扩大等，一定程度上增强了农民经济保障方面的自立能力等，但是，大多变化是向不利于农民老有所养的方向发展的，这种发展趋势加剧了农民养老的脆弱性。

---

① ［美］詹姆斯·斯科特：《农民的道义经济学：东南亚的生存与反叛》，程立显等译，南京译林出版社2001年版，第90页。

二　农民养老脆弱性来源分析

随着经济发展和社会的转型，农村环境也发生了巨大变化。这体现在，快速的人口老龄化及与此相伴的少子化，传统观念的变化及道德约束的弱化，代际分离加大及其影响的家庭空巢化，逐步发展的市场化及其导致的农民生活成本的增加以及外出务工增加、农民负担减轻带来的农民收入水平的相对提高等。

从养老角度看，这些变化一方面在一定程度上增加了农民养老的经济保障能力，这可以从农民生活水平的提高、农民收入的持续增加得到验证，但这种提高是缓慢的，农村经济发展水平并没有摆脱发展落后和水平低下的状态，相对于市场化的影响，增加的农民收入难以应付日益增加的生活成本支出和逐渐增多的养老需求；另一方面，这些变化却带来了农民非经济养老资源的减少或非农转移，给农民的养老带来新的风险。养老的实质是指度过老年生活①，而实现这一目标，需要各种各样的养老资源。

作为一个国家的居民，农民同城市居民一样享有养老保障权，但是作为一个弱势群体，农民缺乏必要的各种养老资源。农民自身养老保障资源非常有限，社会养老体系发展缓慢，而在市场化、城市化和工业化大力推进以及人口快速老龄化、高龄化的过程中，各种风险却正在日益威胁着农民的养老问题，农民养老脆弱性问题非常突出，究其原因，可从以下四个方面加以阐释：

（一）农民养老脆弱性的个人特征因素

养老主要是老年人面临的社会经济问题，农民养老脆弱性的个人特征因素，可以从农村老人的人口学特征和生理学特征因素来分析。从人口学特征来看，包括人口性别结构、年龄结构、文化程度、民族、婚姻状况等，而首先表现为年龄因素。随着经济的发展、生活水平的提高、医疗条件的改善和科技的进步等，人们的预期寿命越来越长，老龄化、高龄化、长寿化现象日益增多，农村表现得更甚。从抵抗风险的能力来说，年龄越大抵抗力越差，养老脆弱性就越高。文化程度对农民养老的影响，主要体

---

① 穆光宗：《独生子女家庭非经济养老风险及其保障》，《浙江学刊》2007 年第 3 期。

现在人力资本投资的经济效应。文化程度与农民收入水平和增收能力呈正相关，而与养老脆弱性呈负相关。同时，更高的教育水平使农户能更敏感地预期可能发生的收入波动风险[1]。而我国农民的文化程度普遍不高，农村老年人口的文盲率更高。根据穆光宗等的研究，2000 年中国约有 50% 60 岁以上的人口是文盲，老年人各年龄组平均受教育年限为 1—4 年，农村比城市平均低 3 年[2]。从性别结构来看，性别差异也可能是农民养老脆弱性的一个原因，一般来说，老年女性比男性更加脆弱，尤其是在高龄阶段。婚姻状况不仅影响老年人的生活方式，也影响老年人的精神状态和生活照料问题，独居老人比偶居老人面临着更高的养老脆弱性。民族差别也可能是影响农民养老脆弱性的一个原因，如果从整体上看，少数民族聚居的地区，往往是经济发展比较落后的地区，农民的脆弱性也就会越高。

（二）农民养老脆弱性的家庭特征因素

在我国农村，家庭养老仍然是农民养老的主要依靠，而且可以预测，在相当长的时期内，这种状况不会有大的改观。作为一种家庭单位的社会经济行为，农民养老脆弱性程度的高低，受家庭特征因素的影响非常明显，农村家庭拥有的资源总量对农民养老具有决定性意义。而农村家庭结构和功能的变化，使农村家庭养老资源在整体上出现了减少的趋势，加大了农民养老的脆弱性程度。这主要体现在：

一是家庭规模小型化趋势。家庭规模缩小，受国家计划生育政策影响明显。根据"五普"数据，1982 年我国家户均人口是 4.41 人，到 2003 年减少为 3.38 人[3]。从城乡差别来看，农村家庭规模的缩小幅度大于城镇[4]。2005 年 1% 全国人口抽样调查数据显示，乡村平均家庭规模为 3.27 人[5]。家庭人口和劳动力的减少意味着家庭收入潜力的降低，家庭保障能力下降。

---

① 都阳：《教育对贫困地区农户非农劳动供给的影响研究》，《中国人口科学》1999 年第 6 期。

② 穆光宗、王志成等：《中国老年人口的受教育水平》，《市场与人口分析》2005 年第 3 期。

③ 孙文基：《建立和完善农村社会保障制度》，社会科学文献出版社 2006 年版，第 94 页。

④ 周莹、梁红：《中国农村传统家庭养老模式的不可持续性研究》，《经济体制改革》2006 年第 5 期。

⑤ 罗元文：《中国农村老年人口的养老问题研究》，《甘肃社会科学》2008 年第 6 期。

二是家庭结构核心化趋势。所谓核心家庭是指只有一对配偶和未成年子女构成的家庭结构形式①。当核心家庭比例达到较高水平，成为社会中的主导家庭类型时，则称之为家庭核心化，据此而言，20世纪60年代中期或中后期，中国多数农村家庭核心化已经实现②。从形成原因上讲，家庭核心化受到两个因素的直接影响，即少子化和代际分离；从其表现形式上看，其典型形式即家庭空巢化。因此，在农村经济发展速度缓慢和经济发展水平比较低的前提下，家庭核心化导致农村家庭养老保障能力的下降，增加了农民养老脆弱性。

三是家庭整体教育水平较低。农民养老脆弱性不仅受个人文化程度的影响，作为一种家庭单位的社会经济行为，家庭其他成员的教育水平可能与老年人个人的教育水平同样重要，甚至更重要③。据国家统计局1997年和2001年两次抽样调查，农村中文盲或半文盲劳动比重仍占总数的8.5%，小学文化程度的为33.9%，初中文化程度的为46.2%，高中文化程度的为10.9%，大专以上文化程度的仅为1.3%④。农村家庭成员整体文化素质不高，对农民养老脆弱性具有重要影响。

（三）农民养老脆弱性的保障体系因素

农民的养老保障体系可以分为传统与现代两个方面。传统上的保障体系主要包括土地保障、家庭保障、集体保障以及社会救助等；现代养老保障体系加进了社会养老保险和社会服务体系以及救济制度的规范化等方面。

随着经济的发展和社会的变革，传统养老保障能力出现了弱化，尤其是家庭保障，而现代养老保障体系仍处于低水平的试点阶段，甚至很多保

---

① 费孝通：《家庭结构变动中的老年赡养问题——再论中国家庭结构的变动》，《北京社会科学》1983年第3期。

② 王跃生：《中国农村家庭的核心化分析》，《中国人口科学》2007年第5期。

③ Zimmer, Z. and J. Kwong. 2001 (a). Socioeconomic Status, Health, and Use of Health Services among Older Adults in Rural and Urban China. Paper Prepared for the Second International Symposium on Chinese Elderly: Enhancing Life Quality of the Elderly in the New Century, October 23-25, Shanghai, China.

④ 冯继康、李岳云：《"三农"难题成因：历史嬗变与现实探源》，《中国软科学》2004年第9期。

障项目仍是空白，如生育保险、失业保险等，养老保障体系没有有效降低农民养老脆弱性，甚至在一定程度上增加了养老脆弱性。

从土地保障角度看，土地一直承担着农民一部分生活保障职能，这对保持农村社会稳定有其积极意义①。在传统的以自给自足为特征的农业社会，生活水平较低，人均寿命较短，农业生产基本是靠天农业，土地确实能够起到很强的生活保障作用②。但随着工业化、城市化和市场化的发展，土地的保障作用正在迅速削弱，这表现在土地数量减少、土地收入占家庭收入趋少、土地的生产效益低以及不同程度的土地闲置等。家庭保障是农民养老的重要支撑，但正如万克德所说，在当前家庭经济收入偏低、老年人在家庭中的户主地位下降、农村经济发展和生产方式落后以及价值观念、生活方式等与年轻人碰撞的背景下，家庭养老的保障功能正在弱化③。

集体保障的实现是与计划经济体制下农村生产经营方式和经济体制紧密相连。在生产合作化时期，集体拥有强大的资源分配权利，农村的一切收入先收归集体，然后再依"工分"进行"按劳分配"，农民的生、老、病、死、医有集体负责，集体保障功能较强。家庭联产承包责任制使集体经济趋于瓦解，集体保障能力大幅下降。特别是 2006 年国家全面取消农业税之后，村提留等没有了，农村集体的经济收入就更少。目前除一些乡镇企业分布较多、经济较发达的沿海地区，集体组织尚有一定的经济实力外，在广大的中西部地区，集体保障实际上已经名存实亡。

从社会保障的角度看，主要有新农合、新农保和社会救助，其他保险项目仍是空白。新农合从 2003 年以来，截止到 2008 年覆盖面达到了 86%以上④，但是新农合整体报销比例偏低，平均住院补偿比例基本都在 30%左右⑤，并且存在明显的"以药养医"导致的药价虚高问题⑥。旧农保制

---

①　王国军：《浅析农村家庭保障、土地保障和社会保障的关系》，《中州学刊》2004 年第 1 期。

②　丁少群：《城市化冲击农村家庭养老和土地保障》，《中国国情国力》2004 年第 5 期。

③　万克德：《世纪之交的中国农村养老问题透析》，《人口学刊》2000 年第 1 期。

④　转引朱俊生《农户对新农合的需求研究：一个分析框架》，《人口与发展》2008 年第 5 期。

⑤　张广科：《新型农村合作医疗制度支撑能力及其评价》，《中国人口科学》2008 年第 1 期。

⑥　张奇林：《制度的逻辑：中美医疗保障制度比较》，《社会科学辑刊》2007 年第 4 期。

度覆盖面，一直徘徊在 5378 万人左右，月均养老金仅 3.5 元[①]。而新农保 2009 年才开始试点，且基础养老金只有 50 元左右，这样的保障水平如何保障农民的老年生活。2007 年我国享受低保人口 3000 万，但若按照国际贫困线标准，则覆盖面不足 30%。农村低保实行差额补助，2006 年人均月领低保金 33.2 元。截至 2006 年，农村五保分散供养标准 1691 元，集中供养标准 2229 元，而当年农民人均纯收入为 3587.04 元，农民人均生活消费支出为 2829.02 元，集中供养标准仅占前者的 62.14%，占后者的 78.79%[②]。农民养老保障体系的低水平，是农民养老脆弱性的重要影响因素。

（四）农民养老脆弱性的社会转型因素

社会转型是指建立在"传统"与"现代"社会分类基础之上，社会从一种类型向另一种类型转变的过渡过程[③]。根据社会转型的定义，刘祖云分析了传统与现代社会的八个区别：

一是社会经济基础不同。前者以自然经济为基础，后者以市场经济为基础。

二是社会基础产业不同。前者以农业为主，后者以工业和服务业为主。

三是社会劳动方式不同。前者以手工劳动为主，后者以自动化生产为主。

四是社会分工和社会分化程度不同。前者以自然特征进行劳动分工，专业化和社会分化程度较低；后者是复杂的劳动分工，专业化和社会分化程度高。

五是社会组织形式和社会关系不同。前者是家庭组织和血缘关系，家庭承担着多方面的功能；后者是职业组织和业缘关系，家庭功能逐渐向社区转移。

---

① 岳德军、王谦：《建立新型农村养老保障制度的思考》，《中国财政》2003 年第 8 期。

② 中华人民共和国国家统计局：《中国统计年鉴—2007 年》，中国统计出版社 2007 年版，第 265 页。

③ 刘祖云主编：《社会转型解读》，武汉大学出版社 2005 年版，第 3 页。

六是社会主要活动场所不同。前者在乡村社区，后者在城市社区。

七是社会开放程度不同。前者因以自给自足的自然经济为基础而具有较强的分散性和封闭性，后者因其建立在社会化大生产和商品流通以及市场经济基础之上而成为一个高度开放的社会。

八是社会管理的权威基础和主要方式不同。前者是家长制管理，后者是科层制管理[①]。

根据以上八个方面的分析，社会转型对农民养老脆弱性的影响内嵌于上述主要方面的转变之中。具体而言，计划经济向市场经济的转变，使农民养老面临着自然和市场两种风险。

农业社会向工业社会的转变，不仅导致了大批农村青壮年劳动力的城市迁居趋向，还带来农村大量耕地的非农化使用，加深了农村地区的老龄化程度，减少了农民的土地保障和服务保障的资源；劳动方式的转变，使得农村劳动力剩余，目前尚有 1 亿左右的富余劳动力[②]。在不能有效转移的条件下，就变成了农民的隐性失业问题；社会组织形式和社会关系的变化，使农民家庭养老保障能力降低，家庭功能的社会化转移又带来了农民养老成本的大幅度提高；社会活动场所由乡村向城市的转移，加剧了农民的代际分离趋势，增加了农民的养老风险，尤其是非经济养老风险问题；社会开放扩大，带来了农民养老观念的转变，使得农民养老的孝道文化约束降低，增加了农民养老的不确定性；家长制管理方式向科层制管理方式的转变，使得家长对于养老资源的控制力降低，在农村，老人无积蓄地进入老年时期。

传统与现代社会管理基础和方式的变迁，弱化了中国特色传统保障。上述分析不难发现，社会转型对农民养老脆弱性的影响不言而喻。

---

① 刘祖云主编：《社会转型解读》，武汉大学出版社 2005 年版，第 4—5 页。
② 赵曼、杨海文：《21 世纪中国劳动就业与社会保障制度研究》，人民出版社 2007 年版，第 2 页。

第三章　农民养老脆弱性影响因素的实证检验

在上一章，利用脆弱性分析框架，从农民养老的内部支撑能力、外部保障能力和日益增加的养老风险三个维度，对农民养老脆弱性给予了理论分析。但这种分析只是从宏观上对农民养老脆弱性来源进行了初步的定性判断，并没有指出具有什么特征的农民及其养老是脆弱的，因此，如果仅限于这种判断是缺乏政策参考价值的。为了进一步考察具有什么样特征的农民其养老是脆弱的，本章内容将利用来自全国 10 省市 35 个行政村的最新调查数据，对农民养老脆弱性进行实证分析。

农民养老作为一种社会经济甚至文化行为，其基本内容包括经济养老、照料服务和精神需求三个方面，其中居于核心地位的是经济保障问题。不论对于城市居民，还是农村居民，经济需求都是养老的最基本需求。根据经济基础决定上层建筑的原理，经济保障的缺乏，不仅使得农民老年基本生活难以得到保障，甚至陷入贫困，也必将使得农民养老的其他方面（非经济养老方面）难以得到满足，经济匮乏是农民老年生活困难的决定性因素。从这个角度来说，农民的经济脆弱性也就在一定程度上决定了农民养老的脆弱性。

那么，怎么测量农民养老在经济方面上的脆弱性问题呢？Cook 等学者在研究中国和亚洲国家的社会保障问题时，提出了三个密切相关而又互为因果的概念，即依赖性（Dependence）、脆弱性（Vulnerability）和贫困（Poverty）①。本书认为，农民养老的选择是理性的，农民基于自身条件和家庭状况，对"自己到年老解决经济来源的最主要途径"这一问题的回

---

① Cook，S.，N. Kabeer and G. Suwannarat. 2003. Social Protection in Asia，Har‐Anand Publication Pvt Ltd.

答，正是农民经济依赖性问题的一个反映，农民养老经济保障的理性选择，在一定程度上可以测量农民养老脆弱性问题。

从实地的观察我们同样可以发现，越是年轻、身体健康、文化程度高、创收能力强、家庭经济条件好的农民，越是愿意选择依靠自己的劳动和储蓄来解决其现在或未来的养老问题，对他人的依赖性也较低，这样的农民在面对养老问题时，其脆弱性也就越低。反之，越是年老多病、文盲、缺乏劳动能力、家庭经济条件不好的农民，则更倾向于依赖他人养老，主要是依赖家庭或家族成员解决养老问题。由于历史、政策等多方面的原因以及城乡二元格局的长期存在，农民作为一个整体基本上在社会中处于弱势地位[①]。

然而，那些把现在或未来的养老问题寄托于别人身上的农民，是弱势群体中最为脆弱的群体。依赖性从本质上描绘了那些不能依靠自身条件和能力维持基本生活，而需要家庭（或家族）和其他对象提供生存资源的群体的状况，当具有依赖性群体失去家庭、政府或社会的支持时，他们便具有了脆弱性特征，在风险冲击下就会因缺乏必要的处理能力而陷入福利损失或生活困境而最终成为需要保护的对象[②]。因此，从经济依赖的角度来分析农民养老脆弱性具有较好的解释力。依赖性、脆弱性与养老困境的关系，可以用图示加以说明，见图3-1。

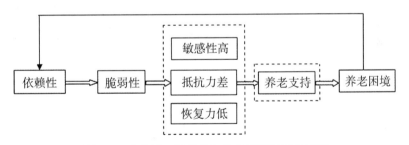

图3-1 依赖性、脆弱性与养老困境因果关系图

① 米红主编：《农村社会养老保障理论、方法与制度设计》，浙江大学出版社2008年版，序言第3页。

② 丁士军等：《经济转型时期的中国农村老年人保障》，中国财政经济出版社2005年版，第66—67页。

第一节　数据来源及其简要描述

一　数据来源及调查方法

数据来自中南财经政法大学"社会保障与社会政策研究所"在 2009 年 2 月进行的一项面向全国 10 省市 35 个行政村的"农村劳动与社会保障问题"调查。调查采取经验分层和整群抽样的方法，首先根据中国经济发展水平的地区差异性，分别在东部、中部和西部地区选取能够代表三个地区经济发展状况的省市，其中东部三个省，中部四个省，西部三个省，然后，再根据每个省市的经济发展状况，分别选取能够较好代表每个省市经济发展水平的三个县及其各地有代表性的一个行政村，再在每个行政村随机抽取一个自然村，每个自然村通过经验判断和随机抽样选择 35 个农户进行入户结构式问卷访问和对一部分农户进行深度访谈。共发放问卷 1050 份，有效回收 1032 份，有效回收率达到了 98%，通过对录入数据的信度和效度分析显示，调查数据具有较好的信度和代表性。调查样本基本分布情况，见下表 3-1。

表 3-1　　　　　　　　　　调查样本的地区分布情况

编号	地区界定	省、市、自治区	行政村个数	发放问卷	有效回收
1	东部地区	江苏，浙江，山东	9	315	314
2	中部地区	河南，湖北，湖南，安徽	12	420	420
3	西部地区	陕西，四川，广西	9	315	298
合计	3	10	30	1050	1032

二　样本数据简要描述

（一）调查对象的个体特征描述

调查对象的个体特征，主要体现为调查对象的性别分布，年龄分布，文化程度分布，婚姻状况等方面（详见表 3-2）。从性别分布看，男性 614

人，占 59.5%；女性 418 人，占 40.5%；从年龄分布看，调查对象是 18 岁以上的农村居民，年龄均值为 47.96 岁，最大 95 岁；就调查对象的文化程度看，超过 80% 的农民文化程度在初中以下，其中分布最多的是初中，占 35.4%，小学水平的占 29.5%，文盲和高中、中专、中技水平的占 15.2% 和 15.5%，大专以上文化程度的仅占 4.3%；超过 70% 的被调查农民表示，身体健康状况较好或很好，身体不太好或很不好的比例合计不到 10%，另有 20.2% 的农民认为身体处于一般健康水平；82.8% 的被调查农民处于已婚状态，不在婚的比例合计只占 17.2%。

表 3-2　　　　　　　　　　　　　调查对象的个体特征描述表

性别分布	(%)	年龄分布	(%)	文化程度	(%)	健康状况	(%)	婚姻状况	(%)
男	59.5	18—29 岁	11.7	没上过学	15.1	很好	34.6	未婚	8.3
		30—44 岁	31.2	小学	29.5	较好	37.6	已婚	82.3
女	40.5	45—59 岁	31.5	初中	35.5	一般	20.2	离异	1.4
		60—75 岁	22.0	高中中专	15.6	不太好	7.1	丧偶	7.5
		75 岁以上	3.7	大专以上	4.3	很不好	0.6		

随着年龄的增加，被调查农民的文化程度和健康状况出现了明显的变化，这些明显的变化可以从年龄与文化程度和健康状况的交互分析中充分显现。从表 3-3 的年龄与文化程度交互分析表中，可以清晰地看出，总体上农民的文化水平比较低，高中及以上学历水平的不到 20%（15.6% + 4.3% = 19.9%），除 18—29 岁年龄段高中以上学历的农民略占多数以外（高中及以上人数有 62 人，初中及以下有 57 人，相差 5 人），其余任何年龄组农民的文化程度，都以初中及以下水平为主，并且随着年龄的增加，农民的文化程度明显降低，60 岁以上超过 70%（56.1% + 14.8% = 70.9%）的农民是文盲，统计结果具有显著性。这一数据与国家统计局 1997 年和 2001 年的两次抽样调查数据，农村中文盲或半文盲劳动比重占总数的 8.5%，小学文化程度的为 33.9%，初中文化程度的为 46.2%，高中文化

程度的为 10.9%，大专以上文化程度的仅为 1.3%基本相符①。而文盲的比例略高，可能是因为年龄分布的原因。

表 3-3　　　　　　　　　　调查对象的年龄与文化程度交互分类表

文化程度 年龄	文化程度（频数与百分比）				
	没上过学	小学	初中	高中、中专	大专以上
18—29 岁	2（1.3%）	8（2.6%）	47（12.9%）	29（18.1%）	33（75.0%）
30—44 岁	12（7.7%）	90（29.8%）	156（42.9%）	56（35.0%）	7（15.9%）
45—59 岁	31（20.0%）	104（34.4%）	117（32.1%）	66（41.3%）	3（6.8%）
60—75 岁	87（56.1%）	86（28.5%）	44（12.1%）	8（5.0%）	1（2.3%）
75 岁以上	23（14.8%）	14（4.6%）	0（0.0%）	1（0.6%）	0（0.0%）
合计与总数比	155（15.1%）	302（29.5%）	364（35.5%）	160（15.6%）	44（4.3%）

注释：Contingency Coefficient=0.559，Approx. Sig.=0.000.

年龄与文化程度的交互分析还说明，一方面，随着我国农村地区社会经济的发展和教育的进步，年轻一代农民的文化水平正在逐步提高；另一方面，我国传统社会农村教育的落后和目前农民整体文化水平不高的现实，尤其是 50 岁以上的农民文化程度逐渐降低。

表 3-4　　　　　　　　　　调查对象的年龄与健康状况交互分析

健康状况 年龄	健康状况（频数与百分比）				
	很好	较好	一般	不太好	很不好
18—29 岁	67（19.0%）	38（10.0%）	11（5.4%）	2（2.8%）	0（0.0%）
30—44 岁	127（36.1%）	129（33.9%）	53（25.9%）	11（15.3%）	0（0.0%）
45—59 岁	124（35.2%）	118（31.0%）	64（31.2%）	13（18.1%）	0（0.0%）
60—75 岁	33（9.4%）	84（22.0%）	69（33.7%）	35（48.6%）	3（50.0%）
75 岁以上	1（0.3%）	12（3.1%）	8（3.9%）	11（15.3%）	3（50.0%）
合计与总数比	352（34.6%）	381（37.5%）	205（20.2%）	72（7.1%）	6（0.6%）

注释：Contingency Coefficient=0.398，Approx. Sig.=0.000.

---

① 冯继康、李岳云：《"三农"难题成因：历史嬗变与现实探源》，《中国软科学》2004 年第 9 期。

从表3-4调查样本中年龄与健康状况的交互分析可以发现，农民的健康状况普遍较好，不太好和很不好的比例很低，两项合计不到8.0%的比例。但是60岁以上农民身体健康水平明显下降，不太好和很不好的比例占据了绝大多数。随着年龄的增加，农民的健康水平几乎每一组都呈现逐渐下降趋势，老年农民和高龄农民健康状况最差，统计结果具有显著性。不难判断，与年龄增加相伴随的不仅仅是健康状况的恶化，还将伴随着劳动力、生活自理能力以及社会地位的下降，这将对农民的养老问题具有非常显著的影响①。

（二）调查对象的家庭特征描述

为了变量选择的需要，调查对象的家庭特征主要涵盖了以下四个主要方面，即家庭规模、家庭去年年收入、家庭整劳力数和家庭存款数。从样本的分布来看（见表3-5），家庭规模平均3.7人，最小为1人户，最大为7人户，将近一半的农户家庭为核心家庭，5人及以上的家庭户占比大约为28%；家庭去年平均年总收入（没有扣除任何成本支出）3.75万元，最小值为0，最大值为150万元，绝大多数农村家庭去年总收入在3万元以下，超过10万元的农户比例很低，仅有3.7%；家庭整劳力平均数2.14，两个劳力的最多，占总数的45.8%；家庭存款平均3.32万元，最少的没有存款，最多的为115万元，绝大多数家庭存款在3万元以下，10万元以上的农户比例很少，不到4%。这些数据印证了农业的弱质性和农民低收入低积累特征的观点②。

表3-5　　　　　　　　　调查对象家庭特征描述表

家庭规模	百分比（%）	整劳力数	百分比（%）	家庭年收入（万元）	百分比（%）	家庭存款（万元）	百分比（%）
1人户	4.5	无整劳力	9.0	0—1	17.0	0—1	50.9
2人户	15.2	1个劳力	15.9	1.01—3	41.9	1.01—3	24.0

---

①　周绍斌：《论道德建设与农民养老》，《人口与经济》2009年第4期。

②　财政部农业司《公共财政覆盖农村问题研究》课题组：《公共财政覆盖农村问题研究报告》，《农业经济问题》2004年第7期。注：本书被人大复印资料转载。

家庭规模	百分比（%）	整劳力数	百分比（%）	家庭年收入（万元）	百分比（%）	家庭存款（万元）	百分比（%）
3人户	25.4	2个劳力	45.8	3.01—5	24.4	3.01—5	11.2
4人户	28.1	3个劳力	13.7	5.01—10	13.1	5.01—10	10.3
5人及以上	26.8	4个及以上	15.6	10万元及以上	3.7	10万元及以上	3.6

上表的统计数据表明，农村家庭中核心家庭占有很大比例，如果考虑到青壮年劳动力外出务工因素的影响，4人与5人家庭户的比例将会明显减少。农民家庭普遍存款很少或没有存款，农民收入水平仍然比较低，而且，也存在收入差距问题，东部发达地区的农民收入高的可能达百万元以上，而西部落后地区，贫困农户每年的收入只有几千元，甚至有的高龄老人完全没有收入，靠救济金生活。同时，随着年龄的增大，农民的收入能力和资产积累能力呈现出明显的下降趋势，从表3-6和表3-7的交互分析表中可以看出。

表3-6　　　　　　　调查对象的年龄与家庭去年总收入交互分析

年龄＼家庭收入		家庭去年总收入（频数与百分比）				
		0—1万元	1.01—3万元	3.01—5万元	5.01—10万元	10万元以上
年龄分组	18—29岁	12（7.0%）	59（13.7%）	30（12.0%）	17（12.7%）	1（2.6%）
	30—44岁	30（17.4%）	152（35.3%）	86（34.4%）	38（28.4%）	12（31.6%）
	45—59岁	45（26.2%）	119（27.7%）	84（33.6%）	55（41.0%）	21（55.3%）
	60—75岁	62（36.0%）	86（20.0%）	44（17.6%）	21（15.7%）	3（7.9%）
	75岁以上	23（13.4%）	14（3.3%）	6（2.4%）	3（2.2%）	1（2.6%）
	合计与总数比	172（16.8%）	430（42.0%）	205（24.4%）	134（13.1%）	38（3.7%）

注释：Contingency Coefficient＝0.293，Approx. Sig.＝0.000.

从年龄与家庭收入和家庭存款数交互分析的列连相关系数

（Contingency Coefficient = 0.293；Contingency Coefficient = 0.144）和显著度（Approx. Sig. = 0.000.；Approx. Sig. = 0.010.）可以看出（见表3-7），年龄与家庭收入和家庭存款数具有显著的相关关系，这种相关关系充分说明了调查中所观察到的基本现象，即年龄越大的农民其收入能力和储蓄能力都在快速下降，所拥有的经济养老资源也越为缺乏，在面临各种各样的风险冲击时，其养老脆弱性将显性化。因此，这种显著的相关关系，从一个侧面对农民养老脆弱性给予了一定程度上的说明。

表3-7　　　　　　　　　　调查对象的年龄与家庭存款数交互分析

家庭存款 年龄		家庭存款数（频数与百分比）				
		0—1万元	1.01—3万元	3.01—5万元	5.01—10万元	10万元以上
年龄分组	18—29岁	59（11.9%）	25（10.7%）	10（9.2%）	15（15.0%）	3（8.6%）
	30—44岁	144（29.1%）	76（32.6%）	31（28.4%）	38（38.0%）	15（42.9%）
	45—59岁	145（29.4%）	75（32.2%）	41（37.6%）	30（30.0%）	12（34.3%）
	60—75岁	116（23.5%）	46（19.7%）	26（23.9%）	15（15.0%）	4（11.4%）
	75岁以上	30（6.1%）	11（4.7%）	1（0.9%）	2（2.0%）	1（2.9%）
合计与总数比		494（50.9%）	233（24.0%）	109（11.2%）	100（10.3%）	35（3.6%）

注释：Contingency Coefficient = 0.144，Approx. Sig. = 0.010.

第二节　计量模型设定及其变量选择

一　计量模型设定及依据

根据前文对依赖性、脆弱性与养老困境三个概念之间的因果关系分析，考虑到农民养老的主要内容——经济养老的核心地位，以及从数据可获得性情况等，本研究采用农民"到老年解决经济来源的最主要途径"变量中的"依靠子女养老"、"依靠社会养老保险"、"依靠政府救助"和"依靠自己的劳动和储蓄"等四个子项作为因变量，构造一个多项Logit回归方程。因变量在样本中的基本分布情况见表3-8。

表 3-8　　　　　　　　　　模型中被解释变量样本基本情况分布

频数与百分比 经济来源途径		Frequency	Percent	Valid Percent	Cumulative Percent
到老年解决经济来源的最主要途径是	靠儿女赡养	609	59.0	59.0	59.0
	靠社会养老保险	114	11.0	11.0	70.1
	靠政府救助	19	1.8	1.8	71.9
	靠自己劳动和积蓄	290	28.1*	28.1	100.0
	Total（N）	1032	100.0	100.0	

注释：*20 世纪 90 年代中期，农村养老的三大经济支柱是"子女供养、自己劳动收入和配偶供养"，其中依靠"自己劳动收入"的比例为 26.2%，而本书"靠自己劳动和储蓄"的比例为 28.1%，比上一期数据有所提高。详见于学军《中国人口老龄化与代际交换》。

　　由于因变量中的每一选项都可以看成一个新变量，被调查对象选择任何其中一个变量，即对其余的选项给予了否定，因此，这样就可以把原因变量看成是由四个虚拟变量组成的多分类因变量。自变量的选择主要从下面四个方面进行：一是被调查对象的个体特征变量，包括性别、年龄、健康状况、婚姻状况、文化程度、养老观念等；二是家庭特征变量，包括是否有儿子、是否有存款、家庭整劳力数、家庭年收入等；三是社区特征变量，包括农户类型、职业类型、村民身份；四是地区特征变量，包括是否加入新型农村养老保险、地区分布、村经济情况以及村地理情况等，这样既可得到变量之间的三个多项 Logit 回归方程①，也可用来测量农民养老脆弱性及其影响因素。其方程式构建如下：

$$\log(\frac{\pi_j}{\pi_4}) = \alpha_j + \sum_{k=1}^{k} \beta_{jk} X_k$$

　　其中 log 为自然对数，j = 1，2，3（依靠子女养老，依靠社会养老保险，依靠政府救助，均为二分类变量。参照项是"4 = 依靠自己劳动和储

---

① 参见乐章《福利多元主义视角下的医疗保险政策分析》，《公共行政评论》2009 年第 5 期。

蓄"）；K 为解释变量的个数，K=1，2，3，…，17；π_1 至 π_4 分别代表依靠子女养老，依靠社会养老保险，依靠政府救助，依靠自己劳动和储蓄的概率；X_k 为解释变量，包括个体特征（性别、年龄、文化程度、健康状况、婚姻状况、是否有儿子、是否有存款、养老观念等）；家庭特征（家庭规模、家庭整劳力数、家庭去年总收入、家庭存款等）；社区特征（农户类别、职业类型、村民身份等）；地区特征（地区分布、村经济情况以及村地理位置情况等）解释变量。

二　主要解释变量及其统计描述

为了对三个多项 logit 模型中的被解释变量给予充分而又合理的解释，本研究从调查数据中筛选出了 17 个解释变量，包括个体特征变量、家庭特征变量、社区特征变量以及地区特征变量等因变量。模型中的自变量及其解释见表 3-9。

表 3-9　　　　　　　　　模型分析中解释变量定义及其类型

变量名称	对变量的定义	变量类型
被调查农民的个人特征变量		
性别	=1 若为男性，否则为 0	虚拟变量
年龄	年龄，18—95 岁	定距变量
健康状况	1=很好；2=较好；3=一般；4=不太好；5=很不好	序次变量
婚姻状况	=1 已婚，未婚、离婚、丧偶为 0	虚拟变量
教育年限	教育年限，0—19 年	定距变量
养儿防老	1=同意；2=较同意；3=无所谓；4=不太同意；5=不同意	序次变量
被调查农民的家庭特征变量		
家庭收入	家庭去年总收入，未做任何成本扣除，0—150 万元	定距变量
家庭存款	=1 若有存款，否则为 0	虚拟变量
有否儿子	=1 若有儿子，否则为 0	虚拟变量

变量名称	对变量的定义	变量类型
家庭劳力	家庭整劳力（18—60岁），0—7个	定距变量

被调查农民的社区特征变量

变量名称	对变量的定义	变量类型
农户类型	＝1若为纯农户，农业兼业户、非农户为0	虚拟变量
职业类型	＝1若为务农，外地务工、乡镇企业职工、上学、个体等为0	虚拟变量
社区身份	＝1村干部、教师、医生、信贷水电等管理者，一般群众为0	虚拟变量

被调查农民的地区特征变量

变量名称	对变量的定义	变量类型
所在地区	＝1若为东部地区，中西部地区为0	虚拟变量
经济情况	1＝很富裕；2＝较富裕；3＝一般；4＝较穷；5＝非常穷	序次变量
地理环境	＝1若为平原，山区或丘陵为0	虚拟变量
新型农保	＝1若试行了，没有试行为0	虚拟变量

从自变量的类型来看，本研究中的自变量分为虚拟变量、定距变量和序次变量三类，自变量中年龄、家庭整劳力和家庭去年总收入（在调查中并没有也难以按照严格的连续数记录）可以近似地看成定距变量，健康状况、是否同意"养儿防老"、所在村经济情况是序次变量，性别、是否有儿子、是否有储蓄、是否试行了新农保等为虚拟变量，其他变量，如农户类型、职业类型、社区身份、村地理环境和所在地区，经过处理和变量转换都变成了虚拟变量。一般回归分析对自变量的要求至少是定距变量及以上层次，但在社会科学研究中，研究者为统计方便也经常近似地将序次变量看作是定距变量来进行回归模型分析，因此，本研究中的三组自变量均基本满足回归分析的要求[①]。经过处理后，上述四

---

① 乐章：《他们在担心什么：风险与保障视角中的农民问题》，《农业经济问题》2006年第2期。

组自变量皆具有了定性变量的性质，因此，本书拟利用 Multinomial Logistic 回归模型，对因变量与自变量之间的关系进行回归分析。

模型分析中所含主要解释变量情况具体统计分布情况，见表 3-10。

表 3-10 　　　　　　　解释变量的样本描述性统计结果

	变量名称	观察值个数	均值	方差	最小值	最大值
个体特征	性别	1032	0.594961	0.241216	0	1
	年龄	1030	47.96310	226.1930	18	95
	健康状况	1021	2.018609	0.890829	1	5
	婚姻状况	1032	0.828488	0.142233	0	1
	教育年限	1032	6.700581	15.94615	0	19
	养老观念	1029	2.253644	0.998832	1	5
家庭特征	家庭收入	1031	3.753198	4472.828	0	150
	家庭存款	1032	0.565891	0.245897	0	1
	有否儿子	1029	0.596696	0.310923	0	1
	家庭劳力	1030	2.135922	1.513091	0	7
社区特征	农户类型	1030	0.623301	0.235025	0	1
	职业类型	1031	0.535403	0.248988	0	1
	社区身份	1031	0.098933	0.089232	0	1
地区特征	所在地区	1032	0.304264	0.211893	0	1
	经济情况	1030	2.980583	0.388350	1	5
	地理环境	1032	0.373062	0.234114	0	1
	新型农保	1032	0.244186	0.184738	0	1

农民养老的基本内容包含了经济保障需求、生活照料需求、疾病护理、心理关怀和精神慰藉等多方面的需求，但是这些需求中最为主要的是

经济保障问题，经济保障能力的高低决定了其他需求的基本情况。从依赖性—脆弱性—养老困境的因果关系分析可知，经济上越是能够自立的农民，其脆弱性就相对越低，反之，经济上越是依赖家庭、政府或社会其他成员的农民养老可能就更加脆弱，尤其是当依赖性的资源虚化的时候，脆弱性就表现得更加明显，这也是本书从经济依赖性角度来分析农民养老脆弱性的理性根基。

经济条件好往往有很多因素决定，年轻的农民、文化程度高的农民、身体健康的农民、东部地区的农民、家庭整劳力多的农民等，往往创造财富的能力就越高，技术也越多，家庭经济条件就相对较好，这样的农民往往自立性较强，思想观念较开放和前卫，往往容易接受新事物，比如易于接受新型农村社会养老保险等，可以推断，这样的农民自立性较强、依赖性较弱，脆弱性也相对较低；而那些年老、女性、文盲、健康状况较差的中西部地区的农民，人力资本往往储备不足，在市场经济条件下的谋生能力往往较差，这样的农民可能自立性较差，依赖性较强，脆弱性较高。

因此，根据第二章对农民养老脆弱性的宏观定性分析、数据描述中的基本分析和社会调查中的大量观察，对农民养老脆弱性问题，本研究提出如下主要假设：

假设1：从农民的个体特征看，农民的年龄越大、女性、健康状况越差、受教育年限越低、养儿防老观念越强，经济上越可能倾向于依赖家庭成员或社会养老保险或政府救助，依赖子女养老的愿望也将更为强烈。

假设2：从农民的家庭特征看，农民家庭收入越差、没有储蓄、没有儿子的农民，越可能倾向于依靠社会养老保险或政府救助养老，但家庭整劳力越多的农民，可能对选择依靠儿女赡养、依靠政府救助和社会养老保险都具有显著性正影响。

假设3：从农民的社区特征看，纯农户、一般群众、主要从事农业劳动的农民，越是倾向于依靠儿女或政府救助来养老。

假设4：从农民的地区特征看，东部地区、经济情况较好、平原地区、已经参加新型农村社会养老保险的农民，越可能倾向于依赖自己的劳动和储蓄来解决自己的养老问题。

根据以上假设，本书将把上述因变量和17个自变量以强制方式纳入统计模型之中，以考察所设模型的建模效果，并观察这些因素对农民养老经济依赖的影响程度及其方向。以期为增强农民经济保障的自立性，减少依赖性，以降低农民养老脆弱性提供政策性建议。

第三节　计量模型统计结果及其解释

一　模型显著性及自变量估计系数

模型拟合信息显示：x^2 为 1644.535，显著性 P 值 Approx. Sig. = 0.000；伪决定系数 R^2 中的三个值分别为：Cox and Snell = 0.286；Nagelkerke = 0.332；McFadden = 0.171。由此可见，模型拟合程度较好。模型中的似然比检验表明，除了健康状况、婚姻状况、职业类型、家庭储蓄以及所在地区等五个变量不显著之外，其余 12 个解释变量的回归系数都呈现出了不同程度的显著性。回归模型拟合效果及其显著性水平见表 3-11。

表 3-11　　　　回归模型似然比检验（**Likelihood Ratio Tests**）结果

序号 变量名 显著效果		Mode Fitting riteria	Likelihood Ratio Tests		
		−2 Log Likelihood of Reduced Model	Chi−Square	df	Sig.
变量序号	Intercept	1676.161	31.626	3	.000
x1	性别	1652.566**	8.031	3	.045
x2	年龄	1651.303*	6.768	3	.080
x3	健康状况	1647.061	2.527	3	.471
x4	婚姻状况	1649.831	5.296	3	.151
x5	教育年限	1654.906**	10.371	3	.016
x6	村里身份	1658.220**	13.685	3	.003
x7	主要职业	1648.166	3.631	3	.304
x8	养老观念	1699.200***	54.666	3	.000
x9	农户类型	1658.994**	14.459	3	.002
x10	家庭年收入	1652.547**	8.012	3	.046

续表

序号 变量名 显著效果		Mode Fitting riteria	Likelihood Ratio Tests		
		−2 Log Likelihood of Reduced Model	Chi−Square	df	Sig.
x11	是否有儿子	1665. 274 ***	20. 739	3	. 000
x12	是否有存款	1650. 301	5. 766	3	. 124
x13	家庭整劳力	1665. 473 ***	20. 938	3	. 000
x14	村地理情况	1669. 934 ***	25. 399	3	. 000
x15	村经济条件	1656. 290 **	11. 755	3	. 008
x16	所在地区	1647. 596	3. 062	3	. 382
x17	有否新农保	1666. 147 ***	21. 612	3	. 000

注释：＊：P<0.10，＊＊：P<0.05，＊＊＊：P<0.01。

二　对模型估计结果的解释

表 3-12 列出了利用 SPSS16. 0 统计软件算出的相对于依靠自己劳动和储蓄，自变量的变化对农民选择靠儿女养老、靠社会养老保险以及政府救助的边际影响及其方向。一般的线性回归模型边际影响经常就是自变量的回归系数或者通过简单转化而得出的系数，而且边际影响不会因自变量的变化而变化，而非线性回归中得到的自变量的回归系数并不是自变量变化对因变量的边际影响①。但王济川、郭志刚认为，类似于线性回归系数，Logistic 回归系数也可以被解释为对应自变量一个单位的变化所导致的因变量上的变化，如果 Logistic 模型的回归系数为正值且统计意义上显著，则意味着在控制其他自变量的条件下，对数发生比随着对应自变量值的增加而增加；相反，一个显著性的负系数代表着对数发生比随着对应自变量的增加而减少，如果系数的统计性不显著，则说明对应自变量的作用在统计

---

① 丁士军、陈传波：《经济转型时期的中国农村老年人保障》，中国财政经济出版社 2005 年版，第 89 页。

上与 0 无差异①。

为了得到自变量变化对因变量的边际影响，通常的方法就是对回归模型等式两侧取自然对数即可，有学者发现，取对数后的边际影响可以通过未转换前指数幂来解释。因此，本书不再对自变量的回归系数进行转换，而是直接用自变量的指数幂 Exp（β）来解释自变量变化对因变量的边际影响。

从表 3-12 模型中自变量各参数的极大似然估计结果及其显著性来看，可以得出与"依靠自己劳动和储蓄"解决老年经济保障问题相比较的一些统计结果。从四组解释变量的显著性来看，只有家庭特征变量中的是否有儿子、家庭整劳力两个变量均能对农民对经济保障途径的所有选择具有显著性影响。相对于依靠自己劳动和储蓄来说，有儿子的农民更倾向于依靠儿女养老，没有儿子的农民更倾向于依靠社会养老保险（回归系数为负值），这与假设 2 中有关于此的预测相符。

有儿子的农民对于依靠社会救助的选择也有显著性正影响，有儿子的农民，相对于依靠自己劳动和储蓄而言，有更强的依靠政府救助倾向，指数幂值显示前者是后者的 3 倍，这一点与假设 2 中有关于此的假设不太一致。为什么出现这种情况呢？笔者认为，一种合理的解释是，随着农村经济的发展和社会环境的变化，农村老人的自立性在增强，传统的养老观念也在发生变化，同时对于接受社会救助也突破了心理上觉得"丢人"的思想，出于不给子女增加负担的考虑，当他们在遇到养老困难时，愿意接受政府的救助，以减轻子女的经济负担。

家庭劳力对三个因变量都表现出了正的显著性影响，每增加一个劳动力，相对于参照项来说，农民选择靠儿女赡养、靠社会养老保险和靠社会救助的可能性分别是前者的 1.384 倍、1.416 倍和 1.677 倍。这一结果和假设 2 中的有关假设完全相符，而且这种现象不难解释，家庭整劳力越多的家庭一般是扩展家庭，父权地位较高，老人对子女的控制力较强，家庭经济条件较好，成年子女大多以非农就业为主，思想比较开放，这些因素

---

① 王济川、郭志刚：《Logistic 回归模型——方法与应用》，高等教育出版社 2001 年版，第 92—93 页。

决定了，农民倾向于选择靠儿女赡养、参加社会养老保险和依靠政府救助的可能性①。

家庭特征变量中的家庭收入、家庭存款也对不同因变量具有不同显著程度的影响。相对于依靠自己劳动和储蓄来说，家庭收入越多越不倾向于依靠子女和社会救助赡养，而更多的选择依靠自己劳动和储蓄养老。有存款的家庭比没有存款的家庭，更倾向于依靠自己劳动和储蓄养老，这与假设2完全相符。

从个体特征变量来看，没有任何一个变量，能同时影响到因变量的各个方面。但相对于依靠自己劳动和储蓄养老来看，女性、年龄越大的农民更倾向于依靠儿女赡养或社会养老保险，这与假设1中的相关假设完全相符。一个被普遍接受的观点是老年妇女，尤其是高龄的老年妇女可能更加脆弱，越缺乏自立的能力，越倾向于依赖别人。同时，年龄越大，养老风险感知就越强，越需要更多可以依靠的资源，因此，年龄越大的人越希望能够有社会养老保险的保护。

教育年限对依靠儿女赡养的选择不显著，这可能主要是由于农民的受教育状况普遍较低的原因，但受教育年限对选择靠社会养老保险具有显著性的影响，这一结果说明，农民的受教育年限越长，人力资本越高、思想观念越先进可能是这一选择的解释原因。这与假设1相符。养老观念对依靠儿女赡养具有负的影响，而对靠社会养老保险具有正的影响，这一估计结果与假设1不相符，可能的解释是"养儿防老"是我国沿袭千年的传统观念，虽然市场经济的发展和农村社会环境的变化，这种观念依然盛行，在广大的农村地区仍具有一定的影响力，但是随着农村经济的发展和大批劳动力外出务工，农民的自立意愿和能力都在增强，因此，在影响方向上显示了与假设不同的结果。

---

① 在调查中，有一种现象值得提出，家庭整老力多的农户有相当一部分是由于父母比较年轻，他们的子女刚成家或新婚不久，他们的子女常年在外打工，也没有和父母分家，父母为他们照顾小孩，代耕他们的耕地，逢年过节给予老人一定数量的物质补偿，这是一种互惠的行为，但随着子女在外务工时间的延长，经济条件和思想观念将发生大的变化，而父母由于常年体力劳动，健康状况逐渐恶化，代际之间的互惠行为有可能终止，这种因素对农民养老的影响需要进一步做跟踪研究。

表 3-12　　农民养老经济保障途径的多项 Logit 回归模型参数估计结果

经济保障途径 (参照项: 1. 依靠 自己劳动和储蓄)	2. 靠儿女赡养		3. 靠社会养老保险		4. 靠社会救助	
	β	Exp (β)	β	Exp (β)	β	Exp (β)
截距	1.792		-4.367		-4.309	
个体特征变量						
性别	-0.320*	0.726	-0.383	0.682	0.822	2.276
年龄	0.018**	1.018	0.022*	1.022	0.014	1.014
健康状况	0.060	1.062	0.220	1.246	-0.107	0.899
婚姻状况	0.276	1.317	-0.17	0.840	-0.824	0.439
教育年限	-0.005	0.995	0.105**	1.110	-0.132	0.877
养老观念	-0.503***	0.605	0.230*	1.259	-0.268	0.765
家庭特征变量						
家庭收入	-0.120**	0.887	-0.018	0.983	-0.248*	0.780
家庭存款	-0.259	0.772	0.119	1.127	-0.950*	0.387
有否儿子	0.456**	1.577	-0.442*	0.643	1.109***	3.030
家庭劳力	0.325***	1.384	0.348***	1.416	0.517**	1.677
社区特征变量						
农户类型	0.567***	1.763	0.356	1.428	1.593**	4.919
职业类型	0.140	1.151	-0.250	0.779	-0.666	0.514
社区身份	-0.241	0.786	0.994***	2.702	0.713	2.040
地区特征变量						
所在地区	0.156	1.169	0.512*	1.668	-0.146	0.864
经济情况	-0.321**	0.725	-0.169	0.845	0.722*	2.058
地理环境	-0.724***	0.485	0.269	1.308	-0.760	0.468
新型农保	-0.434**	0.648	0.910***	2.484	-0.255	0.775

注释: *** 为 1% 显著性水平, ** 为 5% 显著性水平, * 为 10% 显著性水平。

同其他研究相似，当多个自变量同时纳入一个回归模型中时，一个不得不考虑的问题就是自变量间的多重共线性问题，因为一部分自变量自身之间可能具有自影响性，如果不排除这一共线性问题，可能会影响模型的估计结果。在分析中，为了消除自变量之间可能存在的多重共线性问题，本研究在选择自变量之时就尝试了一些方法，以期排除或验证特别显著的相互影响变量及其影响程度和方向，例如笔者曾通过逐步回归分析的方法，对所获得的自变量的显著性结果与本模型分析中各自变量的显著性结果进行比较，发现二者的显著性影响及其方向基本上是一致的，也就是说本模型中的自变量间没有显著性的多重共线性问题，其估计结果也更加有效。

在社区特征变量中，农户类型对靠儿女赡养和靠社会救助赡养具有显著性影响，相对于依靠自己劳动和储蓄来说，纯农户比农业兼业户、非农户等其他农户类型，更倾向于依靠儿女和政府救助赡养，前者分别约是后者的 1.76 倍和 4.9 倍。这一结果和前面的假设 3 完全相符。社区身份即农民是否从事管理者角色，对靠儿女和靠政府救助没有显著性影响，但对靠社会养老保险具有非常显著性的影响，相对于依靠自己和劳动储蓄而言，具有管理者身份的农民比不具有管理者身份的农民，更倾向于靠社会养老保险解决老年经济保障问题，而前者是后者的 2.7 倍。这也验证了假设 3 中的有关假设。

地区特征变量中，村经济情况、村地理情况和是否试行了新农保对靠儿女赡养都具有显著的负影响，即使东部地区比中西部地区、平原地区比山区或丘陵地区、试行了新农保比没有试行新农保地区的农民，相对于依靠自己劳动和储蓄来说，更不倾向于依靠儿女赡养，这一结果和假设 4 完全相符。这不难理解，经济情况好的地区、东部地区和试行了新农保的地区，被调查农民的经济情况往往也相对比较好，再加上其他一些非经济因素的影响，农民更多的是选择自立养老，而不是靠别人和政府，这样的农民脆弱性就较低。

地区变量对靠儿女和靠政府救助没有显著性影响，但是对靠社会养老保险具有显著的正影响，即东部地区比中西部地区，更可能倾向于依靠社会养老保险，这与我国农村社会养老保险最先从东部发达地区试点有关，一方面农民从旧农保的参与中，对社会养老保险有了更全面的认识；另一方面，连续的中央一号文件，都对新农保给予了更多关注和更多的财政支持，因此，东部地区的农民对参与社会养老保险并给予社会养老保险保障老年生活以很高的期望。这与前面的假设 4 完全相符。

模型中的四组自变量中，个体特征变量中的健康状况和婚姻状况，社区特征变量中的职业类型，在控制其他变量的情况下，其对三组因变量都没有影响。这与有关研究结果具有相似性，Zimmer 等在 2001 年曾指出，由于一些在西方国家中被认为显著影响特定人口状况的传统社会经济指标，在欠发达经济中并不具有十分显著的影响，尤其是对农村老年人状况而言更是如此①。传统的理论分析和现实中的大量实地调查、观察都发现，农村最活跃、最丰富的生产力要素是劳动力，最重要、最稀缺的生产要素是土地，农民最主要、最普遍的资产是住房②。

本研究也曾试图把农民人均自有耕地面积、人均经营土地面积和住房价值等变量纳入模型中，但在控制其他自变量的情况下，三个自变量对任一因变量的影响都不显著，而且纳入模型之后，会影响其他自变量的显著程度，这可能和我国当前农村生产经营模式和土地制度有关。因此，本模型没有把这一传统上认为比较重要的因素纳入模型之中。

从模型整体显著性来看，对于靠儿女赡养这一因变量，相对于依靠自己劳动和储蓄来说，有 10 个自变量对农民选择靠儿女赡养具有显著性影响，其中是否有儿子、家庭整劳力和农户类型具有正的显著性，其他 7 个自变量都是负的影响。对于靠社会养老保险这一因变量，有 8 个因素对靠社会养老保险具有显著性影响，只有是否有儿子这一自变量是负的影响，其他都是正的显著性。

对于靠社会救助这一因变量，有 6 个因素对这一变量有显著性影响，其中 2 个是负的影响，其余 4 个是正的显著性影响。从模型的估计结果来

---

① Zimmer, Z. And P. Amorbsirisomboon. 2001（b）. Socioeconomic Status and Health among Older A-dults in Thailand: An Examination Using Multiple Indicators. Social Science and Medicine. 52（8）.

② 叶维增:《地尽其利人尽其才房尽其用提高农村生产要素效率是解决三农问题的根本途径》，路桥农村经济信息网（http: //lqare. luqiao. gov. cn/InfoPub/InfoView. aspx? ID = 3945&CurrentPageIndex = 2007-06-12）。

看，很好地说明了前面假设的正确性，也符合现实中人们理性的选择行为，模型具有较强的解释力。充分说明，模型中所选自变量对因变量的显著性程度和解释力，这也为我们认识农民养老问题的脆弱性，尤其是农民经济依赖性或陷入生活困境的原因，提供了很好的理论基础，也为我们针对农民养老问题的政策选择提供了一定的参考价值。

第四章 农民养老脆弱性省际差异的实证检验

老龄化的纵深发展使得其在内部结构、时空格局方面不断呈现出新的特征。一方面,我国老年人口规模在继续扩大的同时,高龄化趋势已然显现。历次人口普查数据显示,我国 60 岁以上老龄人口占总人口的比重分别为 7.32%、6.13%、7.62%、8.57%、10.33%、13.26%,呈不断上升的趋势。而这其中,高龄老人(80 岁以上)占老年人口的比重从 2004 年的 10.03% 上升至 2014 的 12.01%,净增值为 771.4 万人。另一方面,我国的老龄化呈现出了明显的城乡差异与地域分布不均的特征。在老龄化的城乡差异方面,"五普"和"六普"数据显示:农村老龄人口的数量比城市老龄人口分别多 1557 万和 4421 万,农村地区老龄化程度分别比城市地区高出 1.23 和 3.31 个百分点,城乡老龄化差距呈现出进一步扩大的态势。而老龄化的地域不均衡特征更加突出,东部地区老龄化程度最高,西部次之,中部最低。总人口中 65 岁老人占比最高的省份重庆(11.6%)比最低的省份新疆(6.2%)高出 5.4 个百分点,人口老龄化的省际差异指数不断扩大。

与快速的老龄化、高龄化形成鲜明对比,我国农村地区的公共养老保障体系长期发展滞后或处于低水平状态,城镇地区有相对完善的养老保障体系,而由于过去很长的一段时间内国家并未建立涵盖农村居民的养老保障体系,农村老人的养老生活不得不依赖于家庭宗族网络、集体经济组织或继续从事农业生产来实现[1]。然而,工业化、城镇化以及农业现代化背景下出现的人口流动常态化、土地经营集约化以及孝文化约束力弱化,使得传统的家庭养老保障和土地养老保障已然失去了相应的物质基础、人力

---

[1]　田雪原:《"二元经济"结构下的农村养老保障改革思路》,《人口学刊》2002 年第 6 期。

资源基础和道德文化基础①。农村地区的养老保障水平较低，且呈现出较强的脆弱性。

目前学界对农民养老问题进行了大量的研究，主要集中在农民养老风险的成因②③④、农村养老保障制度绩效评估⑤⑥⑦和农村养老保障模式的建构⑧⑨⑩等方面，上述研究为推动我国农村养老问题的解决提供了理论基础和经验证据，但存在以下两点不足：第一，忽略了不同农村地区养老问题异质性。多数学者关于农村养老问题的认知与评估主要基于局部或微观的数据，由此推论出我国农村地区养老问题的严重性抑或是农民养老面临诸多风险，忽视了不同地区农村经济社会发展差异以及由此导致的养老能力的差异。中国是一个典型的经济发展不均衡的国家，其发展不均衡不仅体现在城乡之间，更加体现在城乡内部以及不同区域、省份之间。第二，由于农村地区养老问题是一个系统性的问题，以往的研究多集中于单一的农民角度或者是养老保障制度角度，缺乏从系统的角度去认知与评估农村养老问题，导致对农村养老保障社会生态系统的把握存在偏差，以至于提升农村地区养老能力的政策缺乏针对性和可操作化性。

鉴于以上不足，本部分尝试引入脆弱性分析框架，通过构建"养老脆

①　范成杰：《代际关系的价值基础及其影响——对江汉平原农村家庭养老问题的一种解释》，《人口与发展》2012 年第 5 期。

②　乐章：《风险与保障：基于农村养老问题的一个实证分析》，《农业经济问题》2005 年第 9 期。

③　于长久：《人口老龄化背景下农民的养老风险及其制度需求——基于全国十个省份千户农民的调查数据》，《农业经济问题》2011 年第 10 期。

④　刘冰、赵子乐：《农村社会养老风险与"新农保"防控能力研究》，《农村经济》2012 年第 12 期。

⑤　贾宁、袁建华：《基于精算模型的"新农保"个人账户替代率研究》，《中国人口科学》2010 年第 3 期。

⑥　薛惠元：《新农保能否满足农民的基本生活需要》，《中国人口·资源与环境》2012 年第 10 期。

⑦　王增文、Antoinette H.：《农村"养儿防老"保障模式与新农保制度的社会认同度分析》，《中国农村经济》2015 年第 7 期。

⑧　李迎生：《论我国农民养老保障制度改革的基本目标与现阶段的政策选择》，《社会学研究》2001 年第 5 期。

⑨　杨德清、董克用：《普惠制养老金——中国农村养老保障的一种尝试》，《中国行政管理》2008 年第 3 期。

⑩　程令国、张晔、刘志彪：《新农保改变了中国农村居民的养老模式吗?》，《经济研究》2013 年第 8 期。

弱性评价指标体系"，利用集对分析（SPA，Set Pair Analysis）方法对我国农村地区养老系统的脆弱性及其所存在的地域差异进行量化评估。在此基础上，利用障碍度模型对造成这种差异的因子进行科学地定量和识别。本书可能的贡献在于：①在"脆弱性"分析框架的基础上建立了农村养老脆弱性的分析框架与指标体系，为农村养老系统发展状况的量化评估提供一定的借鉴。②对我国农村地区养老脆弱性及其所存在的省际差异与区域差异进行了测度，并在此基础上对其影响因素进行了较为科学的识别。

第一节　评价指标、权重设置与评价方法

一　评价指标的选取

作为一个学术概念，脆弱性最早由学者怀特（G. H. White）于 1974 年在研究自然灾害发生机理时提出[①]，后来被不断引入生态环境评估、气候变化、土地利用等自然科学领域。脆弱性是一种系统属性，由于其旨在揭示系统内各要素之间的耦合变化关系和演进逻辑这一独特的理论视角，以及作为评估工具所具有的科学识别功能，而逐渐被引入到生计改善、发展援助、人类社会可持续发展等人文科学领域[②]。在人文科学领域脆弱性研究中，脆弱性研究的侧重点从单纯的自然系统脆弱性演化为以社会和人为中心，强调人和社会制度在脆弱性的形成以及在降低社会系统脆弱性中的功能作用，将人及其所建构的社会制度所具有的适应能力和回应机制作为评估脆弱性的核心要素[③]，脆弱性的社会系统维度研究使得社会脆弱性术语得到广泛应用。目前，社会脆弱性关注于社会系统中脆弱群体的识别、风险扰动对区域内或区域间脆弱性差异的影响，以及经济、政治、社会制度和文化因素在人类社会脆弱性的削减方面所起到的作用。

事实上，学界目前关于社会脆弱性的概念并没有达成一致，但在社会脆

---

①　White G F. Natural Hazards: Local, National, Global [M]. Oxford University Press, 1974.

②　李鹤、张平宇：《全球变化背景下脆弱性研究进展与应用展望》，《地理科学进展》2011 年第 7 期。

③　Eakin H, Luers A L. Assessing the vulnerability of social-environment systems [J]. Annual Review of Environment and Resources, 2006 (31): 365-394.

弱性的研究中无一例外地表现出这样一种逻辑：暴露于特定风险区域内的群体（个体）因其对风险的敏感程度和应对能力不同，所表现出来的脆弱性也存在很大的差异①。其中，敏感性是指面临风险冲击或外部扰动时，系统或者系统中的群体（个体）对这种冲击的易感程度和变化程度。而应对能力则是系统对风险的防范机制，以及对风险发生后所产生不利影响的减缓措施与适应能力。所以，社会脆弱性实则是关于风险敏感性与应对能力的复合函数，对系统敏感性和应对能力的评估成为系统脆弱性研究的核心步骤。

养老本质上是一个多因素相互作用的开放系统，而养老脆弱性是养老系统内部多因素相互作用的结果。定量评价模型和指标体系的建构是脆弱性研究的重要手段之一，目前学界尚无关于农村地区养老脆弱性的定量研究，也没有形成完整的理论框架与可资借鉴的评价指标体系。基于脆弱性分析框架及对养老本质的把握，本书认为农村地区养老脆弱性是养老敏感性与养老应对能力综合作用的结果，在充分理解脆弱性、敏感性与应对能力的基础上，同时考虑数据的可及性、可操作性以及代表性，本书选取了33项原始或生成指标对我国农村地区养老脆弱性及其所存在的省际差异进行测度（表4-1）。

其中，养老系统敏感性体系主要包含人口敏感性（V_1—V_5）和经济敏感性（V_6—V_{14}）两个子体系，人口敏感性主要涵盖了人口老龄化程度、人口高龄化程度、人口增长速度及潜力等指标，综合反映了区域内人口发展状况。经济敏感性主要涵盖地区经济结构、经济发展水平等指标，反映地区经济发展质量。而养老应对能力主要包含医疗资源（R_1—R_5）、养老资源（R_6—R_{10}）和财政资源（R_{11}—R_{19}）三个子系统，老龄化社会是高消费的社会，意味着老年人增多，对医疗服务、养老服务以及财政投入等资源需求增加，完善的医疗保障、养老保障以及较高的经济发展水平无疑会构成抗逆脆弱性的关键。因而，衡量地区养老应对能力可以从医疗资源、养老资源和财政资源三个方面进行。

对于上述敏感性指标，当其性质为正、数值越大时，表明农村地区养

---

① 黄晓军、黄馨、崔彩兰等：《社会脆弱性概念、分析框架与评价方法》，《地理科学进展》2014年第11期。

老系统受到的干扰性和冲击力越强，养老系统的敏感性就越强；对于应对性指标，当其性质为正、数值越大时，表明农村地区养老系统具有的适应能力与恢复能力越强，养老系统的应对性越强。事实上，不同地区经济社会发展状况、养老敏感性以及养老应对能力存在明显的差异，以上33项指标基本涵盖了我国农村养老系统的发展状况。

以上原始或生成指标的原始数据来自《中国人口年鉴》《中国人口和就业统计年鉴》《中国卫生和计划生育统计年鉴》《中国区域经济统计年鉴》《中国农村统计年鉴》《中国统计年鉴》《中国财政统计年鉴》《中国养老金发展报告》《中国价格统计年鉴》，国家级贫困县数量以及贫困发生率来源于国务院扶贫办公开数据。

二　指标权重的确定

由于指标性质及其原始值数量区间存在差异，采用极差标准化方法（无量纲化）对上述指标进行数据标准化处理，设 X_{ij} 表示 i 省 j 指标的原始数据，Y_{ij} 表示 i 省 j 指标的无量纲化值。i 和 j 均为自然数，$i=1$，2，3，4，$\cdots$，n，$j=1$，2，3，4，$\cdots$，m。$X_{\max}$ 为指标的最大值，$X_{\min}$ 为指标的最小值，以上指标数据的无量纲化处理方法为：

对于正向指标，即该类指标数值越大越有利于评价目标发展，则采取公式：

$$Y_{ij} = \frac{X_{ij} - X_{\min}}{X_{\max} - X_{\min}} \tag{1}$$

对于负向指标，即该类指标数值越小越有利于评价目标发展，则采取公式：

$$Y_{ij} = \frac{X_{\max} - X_{ij}}{X_{\max} - X_{\min}} \tag{2}$$

为了克服由于指标选择中的信息重叠及主观因素带来的偏差，各指标体系权重的确定采取熵值法进行，熵值法是一种较为客观的赋权方法，它依据指标相对变化程度对整个系统所产生的影响来计算评价指标的信息熵，进而确定指标权重。其本质是利用指标的价值系数进行计算，价值系数越高，对评价的重要性就越大。

假定有 m 个待评价地区，n 个评价指标，则原始评价矩阵 R 可表示为 $R=(r_{ij})_{mn}$，$(i=1,2,3,\cdots,m,j=1,2,3,4,\cdots,n)$。在信息论中，信息熵 $e_j=-k\sum\limits_{i=1}^{m}y_{ij}\ln y_{ij}$，$k>0$。其中，$y_{ij}=r_{ij}/\sum\limits_{i=1}^{m}r_{ij}$，表示第 j 个指标下第 i 个地区的指标值的比重。信息熵是系统无序程度的度量，两者绝对值相等，符号相反。信息熵越大，信息的无序度越高，该信息的效用值越小，反之亦然。在此情况下，第 j 项指标的信息效用值 $d_j=1-e_j$，第 j 项的综合权重 $w_j=d_j/\sum\limits_{j=1}^{n}d_j$。经过标准化和熵权法处理后，各指标的权重见表4-1。

表4-1　　　　　　　　　　农村养老脆弱性评价指标体系

属性	指标类别	原始指标或生成指标	指标说明、计算及性质	权重	单位
敏感性指标	人口系统	老年抚养比（V_1）	农村老龄化程度指标；农村60岁以上人口/农村总劳动人口（+）	0.0353	%
		高龄化程度（V_2）	农村高龄化程度指标；80岁以上农村老人/农村总人口（+）	0.0133	%
		人口自然增长率（V_3）	人口增长的速度及潜力；农村人口出生率-农村人口死亡率（-）	0.0221	%
		家庭平均规模（V_4）	表示农村家庭人口数量；农村人口总数/家庭户总数（-）	0.0130	人
		农村人口占比（V_5）	农村人口总量状况；农村人口/总人口（+）	0.0126	%
	经济系统	消费收入比（V_6）	农民消费支出情况；农民消费支出/纯收入（+）	0.0197	%
		消费者价格指数（V_7）	代表农村地区物价水平变动情况的指标（+）	0.0143	%
		国家级贫困县数量（V_8）	省域内国家级贫困开发重点工作县（2012年）的数量（+）	0.0914	个
		恩格尔系数（V_9）	反映农民生活质量；食物支出总额/消费支出总额（+）	0.0514	%
		贫困发生率（V_{10}）	贫困广度指标；农村贫困人口/农村总人口（+）	0.0529	%
		农作物受灾面积（V_{11}）	当年受到自然灾害侵袭的农作物面积（+）	0.0578	$k\cdot hm^2$
		农业产值占比（V_{12}）	GDP中农业产值情况；农业产值/GDP（+）	0.0275	%
		GDP增长率（V_{13}）	区域经济增长速度与发展潜力（-）	0.0181	%
		城乡居保负担系数（V_{14}）	反映城乡居保负担状况；城乡居保待遇领取人数/参保人数（+）	0.0536	%

续表

属性	指标类别	原始指标或生成指标	指标说明、计算及性质	权重	单位
应对能力指标	医疗资源	医疗保健支出占比（R_1）	反映农民医疗保健支出状况；医疗保健支出/总支出（+）	0.0127	%
		新农合参合率（R_2）	新农合覆盖情况；参加新农合农民/农民总数（-）	0.0346	%
		新农合筹资标准（R_3）	反映新农合的资金筹集与来源；个人缴费+各级政府补贴（-）	0.0065	元
		每千人卫生技术人员数（R_4）	农村医疗卫生服务水平；农村卫生技术人员数/农村总人数（-）	0.0122	人
		每千人医疗机构床位数（R_5）	农村医疗卫生服务水平；农村卫生机构床位数/农村总人数（-）	0.0101	张
	养老资源	每万名老人养老机构数（R_6）	反映农村机构养老情况；农村养老机构个数/农村老人总数（-）	0.0144	个
		养老金余额（R_7）	地区养老金累计结余情况（-）	0.0287	亿元
		城乡居保养老金替代率（R_8）	城乡居保保障能力指标；城乡居保基础养老金/消费支出（-）	0.0137	%
		低保人口中老年人占比（R_9）	农村老人享受低保状况；享受低保农村老人/农村低保总人数（-）	0.0147	%
		财政社保支出占比（R_{10}）	社会保障支出规模及重要度指标；社保支出/财政支出（-）	0.0289	%
	财政资源	人均纯收入（R_{11}）	扣除价格因素及费用后农村居民收入总和（-）	0.0154	元
		人均GDP（R_{12}）	反映经济发展水平（-）	0.0178	元
		财政依存度（R_{13}）	政府履行职能的财政基础；财政收入/GDP（-）	0.0111	%
		人均财政支出（R_{14}）	人均享受到的政府公共服务水平（-）	0.0089	元
		转移性收入占比（R_{15}）	居民获得转移性收入情况；转移性收入/总收入（-）	0.0109	%
		低保覆盖率（R_{16}）	农村低保覆盖状况；享受低保待遇的农村人口/农村总人口（-）	0.0142	%
		低保金替代率（R_{17}）	表示低保制度救助水平；低保收入/消费支出（-）	0.0225	%
		城镇化率（R_{18}）	反映城镇化发展程度；城镇常住人口/总人口（-）	0.0174	%
		劳动力义务教育普及率（R_{19}）	农村劳动力接受初中及以上教育情况；（-）	0.0261	%

三　评价方法：集对分析

采用集对分析方法对农村养老脆弱性进行评价。集对分析是一种针对确定性和不确定性问题进行同、异、反定量刻画的分析工具，其核心思想是将确定性和不确定性统一在一个同、异、反联系度表达式中，据此可以对研究对象作出辩证和量化的分析。[①] 由于农村地区养老系统是一个多变量相互作用的开放系统，运用集对分析可以将农村地区养老敏感性和养老应对能力两个集合所具有的特殊性做同、异、反分析并加以量化，得出这两个集合的同、异、反联系度表达式。

对于具有某种联系的集合 A 和集合 B 组成集对 H (A, B)，二者的关系有 N 项特性。在具体的问题 Z 背景下，分析集对 H (A, B) 的特性，其中 F 特性为 A 和 B 所共有，G 特性为 A 和 B 所对立，剩余 $K=N-F-G$ 个关系不确定，集合 A 和集合 B 联系度公式 δ 可表示为：

$$\delta = \frac{F}{N} + \frac{K}{N}i + \frac{G}{N}j = a + bi + cj \, (a, \ b, \ c \geq 0, \ a+b+c=1) \quad (3)$$

式（3）中，a、b、c 分别代表集合 A 和集合 B 在问题 Z 下的同一度、对立度和差异度。i 和 j 是差异度和对立度的系数，i 取值为 $[-1, 1]$；j 为对立度系数，值恒为 -1。

根据集对分析思想，将农村地区养老脆弱性评价设为 $E=\{P, R, W, S\}$，方案集 $P=\{p_1, p_2, p_3, \cdots, p_m\}$；评价指标集 $R=\{r_1, r_2, r_3, \cdots, r_n\}$；权重集 $W=\{w_1, w_2, w_3, \cdots, w_n\}$；评价对象集 $S=\{s_1, s_2, s_3, \cdots, s_n\}$。因此，问题 E 的评价矩阵 S 可记为：

$$S = \begin{bmatrix} s11 & s12 & \cdots & s1n \\ s21 & s22 & \cdots & s2n \\ s31 & s32 & \cdots & s3n \\ s41 & s42 & \cdots & smn \end{bmatrix}$$

在同一空间内进行对比，分别确定各个评价方案中最优评价指标和最

①　苏美蓉、杨志雄、陈彬：《基于生命力指数与集对分析的城市生态系统健康评价》，《中国人口·资源与环境》2010 年第 2 期。

劣评价指标所分别组成的最优评价集 $U = \{u_1, u_2, \cdots, u_n\}$ 和最劣评价集 $V = \{v_1, v_2, v_3, \cdots, v_n\}$，评价矩阵 d_{kp}、集合 $\{U, V\}$ 同一度 a_{kp} 和对立度 c_{kp} 在不同情况下的计算方法如表 2 所示。集对 $\{P_m, U\}$ 在区间 $[U, V]$ 上的联系度 μ 可以表示为：$\mu(P_m, U) = a_m + b_m i + c_m j$，其中，$am = \sum_{p=1}^{n} wp \cdot akp$，$cm = \sum_{p-1}^{n} wp \cdot ckp$。方案 P 与最优评价集 U 的贴近度可表示为 $rm = am/(am + cm)$，r_m 越大，被评价对象越贴近评价标准，反之则越远离被评价标准。根据 r_m 值的大小便可判断不同地区或省份农村养老脆弱性的程度，r_m 越大，被评价地区养老脆弱性越强；r_m 越小，被评价地区养老脆弱性越弱。

表 4-2   **同一度 a_{kp} 和对立度 c_{kp} 的计算公式**

类型	同一度	对立度
正向指标	$akp = dkp/(up + vp)$	$ckp = up \cdot vp/[dkp \cdot (up + vp)]$
负向指标	$akp = up \cdot vp/[dkp \cdot (up + vp)]$	$ckp = dkp/(up + vp)$

第二节　养老脆弱性的省际差异及其解释

一　养老脆弱性的省际差异

基于集对分析，本书计算出了 2014 年全国各省农村地区养老脆弱性的敏感性指数、应对能力指数和脆弱性指数（见表 4-3）。同时，为了更加直观地了解全国各省农村养老敏感性、应对能力及脆弱性的空间分布特征，借助于 ArcGIS10.0 对上述三类数据分别进行自然段点法（Natural Breaks）集合分类并进行了空间可视化描述，由于自然段点法是根据曲线统计规律将数据中不连续的地方作为分级的依据，在确保各类之间差异最大化的同时，实现了对数据进行等级划分。本书对全国各省农村养老脆弱性的敏感性指数、应对能力指数和脆弱性指数按自然段点法进行了 5 个等级的集合分类，1—5 级表示敏感性、应对能力与脆弱性指数由低到高排列（表 4-4）。

表 4-3 　　　　　　　　　　**各省农村养老脆弱性评价结果**

地区	敏感性指数			应对能力指数			脆弱性指数		
	a_m	c_m	r_m	a_m	c_m	r_m	a_m	c_m	r_m
北京	0.1111	0.3890	0.2222	0.2141	0.1124	0.6558	0.3252	0.5014	0.8780
天津	0.1552	0.3824	0.2886	0.1781	0.1287	0.5804	0.3333	0.5112	0.8690
河北	0.2336	0.1575	0.5972	0.1344	0.1713	0.4397	0.3680	0.3288	1.0369
山西	0.2489	0.1563	0.6143	0.1487	0.1514	0.4954	0.3976	0.3077	1.1098
内蒙古	0.2409	0.1463	0.6221	0.1615	0.1311	0.5519	0.4024	0.2774	1.1740
辽宁	0.1326	0.2400	0.3559	0.1564	0.1395	0.5285	0.2890	0.3795	0.8845
吉林	0.1707	0.1623	0.5125	0.1392	0.1567	0.4704	0.3099	0.3190	0.9830
黑龙江	0.2433	0.1441	0.6280	0.1435	0.1518	0.4860	0.3868	0.2958	1.1141
上海	0.1417	0.3678	0.2782	0.2208	0.1087	0.6702	0.3625	0.4764	0.9483
江苏	0.1614	0.2422	0.3999	0.1508	0.1542	0.4943	0.3122	0.3965	0.8942
浙江	0.1861	0.2430	0.4337	0.1568	0.1508	0.5098	0.3429	0.3938	0.9435
安徽	0.2390	0.1488	0.6162	0.1342	0.1668	0.4459	0.3732	0.3156	1.0621
福建	0.1596	0.2559	0.3841	0.1377	0.1640	0.4564	0.2972	0.4198	0.8405
江西	0.2136	0.1592	0.5730	0.1340	0.1621	0.4525	0.3476	0.3213	1.0255
山东	0.1802	0.2549	0.4142	0.1462	0.1581	0.4805	0.3265	0.4130	0.8947
河南	0.2322	0.1526	0.6034	0.1355	0.1681	0.4464	0.3677	0.3207	1.0497
湖北	0.2556	0.1464	0.6359	0.1427	0.1551	0.4791	0.3983	0.3015	1.1149
湖南	0.2768	0.1468	0.6535	0.1358	0.1619	0.4562	0.4126	0.3087	1.1097
广东	0.1704	0.2530	0.4024	0.1555	0.1536	0.5031	0.3259	0.4066	0.9055
广西	0.2513	0.1449	0.6343	0.1328	0.1648	0.4462	0.3840	0.3097	1.0805
海南	0.1983	0.1778	0.5272	0.1514	0.1406	0.5185	0.3497	0.3184	1.0457
重庆	0.2063	0.1298	0.6138	0.1497	0.1419	0.5134	0.3561	0.2718	1.1272
四川	0.2752	0.1209	0.6947	0.1369	0.1593	0.4622	0.4121	0.2802	1.1569
贵州	0.3113	0.1425	0.6860	0.1311	0.1738	0.4301	0.4424	0.3163	1.1161
云南	0.3219	0.1605	0.6672	0.1396	0.1630	0.4614	0.4615	0.3235	1.1286
西藏	0.3034	0.2236	0.5757	0.1507	0.1881	0.4448	0.4541	0.4117	1.0206
陕西	0.2578	0.1535	0.6268	0.1545	0.1415	0.5221	0.4123	0.2950	1.1488
甘肃	0.2871	0.1563	0.6475	0.1482	0.1562	0.4869	0.4353	0.3124	1.1344

续表

地区	敏感性指数			应对能力指数			脆弱性指数		
	a_m	c_m	r_m	a_m	c_m	r_m	a_m	c_m	r_m
青海	0.1829	0.1942	0.4850	0.1532	0.1344	0.5326	0.3361	0.3287	1.0176
宁夏	0.1665	0.1913	0.4654	0.1389	0.1522	0.4771	0.3054	0.3435	0.9425
新疆	0.2277	0.1946	0.5392	0.1495	0.1488	0.5010	0.3772	0.3435	1.0402

由表 4-3 可以看出，我国各省农村地区养老脆弱性整体上呈现出省域"极差化"与区域非均衡特征，脆弱性贴近度最高值为内蒙古的 1.174，最低值为天津的 0.869，最高值为最低值的 1.35 倍，脆弱性较低区及以下省份占全国省份总数的 45.1%，较高区及以上省份占比 25.8%，所有省份农村养老脆弱性指数平均值为 1.0257，属于第 3 级。据此可以推测，我国农村地区养老脆弱性总体上处于中等脆弱状态。从分区域的视角来看，东部省份农村地区养老脆弱性明显低于中、西部地区省份，东部 12 省农村养老脆弱性指数均值为 0.9351，属于第 1 级，脆弱性属于低区；中部 9 省农村养老脆弱性指数均值为 1.0825，属于第 4 级，脆弱性属于较高区；西部 10 省农村养老脆弱性指数均值为 1.0833，属于第 4 级，脆弱性属于较高区。

表 4-4　　　　　农村养老脆弱性评价等级表

评价断点分级	级别	敏感性指数	应对能力指数	脆弱性指数
低区	第 1 级	0—0.4337	0—0.4564	0—0.9483
较低区	第 2 级	0.4337—0.5392	0.4564—0.4805	0.9483—1.0255
中等区	第 3 级	0.5392—0.6034	0.4805—0.5031	1.0255—1.0805
较高区	第 4 级	0.6034—0.6475	0.5031—0.5804	1.0805—1.1344
高区	第 5 级	0.6475—0.6947	0.5804—0.6702	1.1344—1.1740

由于某一地区养老脆弱性是其养老敏感性和养老应对能力相互作用的结果，对于养老脆弱性的评估还需要综合考虑养老敏感性和养老应对能力状况。

第一，敏感性。敏感性已经成为脆弱性研究的核心因素之一，其值越大，敏感度越高，农村养老系统越容易受到风险因子的干扰和胁迫。集对分析结果显示，各省农村地区养老敏感性同样呈现出了明显的差异化特征，敏感性贴近度最低值为北京的 0.2222，最高值为四川的 0.6947，最高值为最低值的 3.13 倍。敏感性较低区及以下省份占全部省份的 45.16%，较高区及以上省份占比 45.16%，各省份平均敏感性指数为 0.529，属于第 2 级——较低区，这说明我国各省农村地区敏感度以较低区为主，总体呈现出低敏感性状态。但由于各省敏感性的标准差较大（0.1289），这间接说明我国各省农村地区养老敏感性存在很大差异。同时，东部省份农村地区养老系统敏感性均值为 0.4115，中部省份农村地区养老系统敏感性均值为 0.6065，西部省份农村地区养老系统敏感性均值为 0.6001，这说明养老敏感性的地区差异也较为明显，东部地区养老敏感性最低，西部次之，中部地区最高。

第二，应对能力。应对能力是系统在应对内外部风险扰动所带来负向冲击时所呈现出来的适应能力、资源再分配能力及自我发展能力。应对能力构成了抗逆脆弱性的关键因素，其值越大，应对能力越强，风险冲击对系统所带来的损害程度越小。集对分析结果显示，应对能力最优贴近度最高值为上海（0.6702），最低值为贵州（0.4301），最高值为最低值的 1.56 倍。应对能力较高区及以上省份为 11 个，占比 35.5%，各省应对能力指数的平均值为 0.4967，处于中等区。据此，可以发现我国养老应对能力水平较为一般。其中，东、中、西部省份养老应对能力指数均值分别为 0.5236、0.476、0.4831，东部省份养老应对能力优于西部地区、西部地区养老应对能力优于中部地区。

二　养老脆弱性省际差异的影响因素

研究农村养老脆弱性的目的是为了进一步明确制约养老脆弱性降低的障碍因素，为此，本书引入障碍度模型来分析各个指标对农村养老系统的影响。障碍度计算模型公式如下：

$$N_i = w_i p_i / \sum_{i=1}^{n} w_i p_i \times 100\% \qquad (4)$$

式中，w_i 为第 i 项指标的权重值，p_i 为第 i 项指标标准化后的值，N_i 为第 i 项指标对农村地区养老脆弱性的影响程度。为了找出障碍因素，逐次统计出障碍度数值排名前 5 位的指标。

由表 4-5 可以看出，影响各省农村养老脆弱性的排名前 5 位的因素存在一定的差异。比如，北京市农村养老脆弱性排名前 5 位的影响因素分别为 R_9（低保人口中老年人占比）、R_{10}（财政社保支出占比）、R_{16}（低保覆盖率）、V_3（人口自然增长率）和 V_7（消费者价格指数），这说明，以上 5 种因素对北京农村养老脆弱性的形成贡献度最大，也即对以上 5 个因素的调控成为北京市降低农村地区养老脆弱性的关键。而同为东部地区的山东省，其脆弱性影响因素排名前 5 位的指标分别为 V_{11}（农作物受灾面积）、R_{10}（财政社保支出占比）、R_{17}（低保金替代率）、V_1（老年抚养比）和 R_6（每万名老人养老机构数），以上两省（市）农村养老脆弱性排名前 5 位影响因素虽有重合，但存在很大不同。

就全国而言，V_1（老年抚养比）、V_8（国家级贫困县数量）、R_9（低保中老年人占比）、V_{11}（农作物受灾面积）、R_1（医疗保健支出占比）在各省养老脆弱性排名前 5 位的影响因素中分别出现了 31 次、19 次、18 次、17 次和 16 次，成为对全国各省农村地区养老脆弱性产生最主要影响的 5 个因素。

表 4-5　　　　　　　　各省农村养老脆弱性排名前 5 位的影响因素

省份	影响脆弱性排名前 5 位因素
北京	R_9（9.27），R_{10}（8.78），R_{16}（7.64），V_3（2.21），V_7（6.74）
天津	R_{16}（1.80），R_9（9.70），R_{10}（7.74），V_3（5.89），V_1（5.07）
河北	V_8（13.05），V_{11}（5.74），R_{17}（4.79），R_{12}（3.88），V_{12}（3.80）
山西	V_8（11.59），V_{11}（8.21），V_{10}（6.17），R_2（4.37），R_{12}（4.10）
内蒙古	V_8（10.14），R_2（9.33），V_{11}（8.85），V_{10}（4.17），V_3（4.13）
辽宁	V_3（7.29），V_{14}（5.56），R_2（5.09），R_{17}（4.95），V_1（4.26）
吉林	R_2（9.82），V_3（6.17），R_{17}（5.74），V_{14}（4.73），R_8（3.74）
黑龙江	V_{11}（13.06），R_2（6.47），V_3（5.18），V_{12}（5.00），V_8（4.10）

省份	影响脆弱性排名前 5 位因素
上海	V_{14} (19.00)，R_9 (10.20)，R_{10} (9.13)，V_3 (7.90)，V_9 (7.11)
江苏	R_{10} (7.98)，V_1 (7.45)，V_9 (6.62)，R_9 (5.41)，V_3 (5.30)
浙江	V_{11} (7.59)，R_{10} (7.56)，V_{14} (7.37)，R_9 (5.67)，V_1 (5.44)
安徽	V_{11} (8.16)，R_2 (5.79)，V_8 (5.48)，V_1 (5.35)，V_9 (4.67)
福建	V_9 (8.31)，R_{10} (7.58)，R_9 (7.39)，R_{17} (6.01)，V_1 (4.71)
江西	V_9 (6.41)，V_8 (6.39)，R_9 (6.37)，R_2 (5.27)，V_{11} (5.05)
山东	V_{11} (8.83)，R_{10} (6.11)，R_{17} (5.58)，V_1 (5.28)，R_6 (4.23)
河南	V_8 (9.85)，V_{11} (5.84)，R_2 (4.62)，R_{17} (4.58)，R_{12} (3.99)
湖北	V_{11} (11.93)，V_8 (7.60)，R_{17} (5.05)，V_1 (4.07)，R_9 (4.02)
湖南	V_{11} (12.97)，R_2 (6.70)，V_8 (5.34)，R_{17} (4.76)，V_{10} (4.59)
广东	V_9 (8.88)，R_9 (7.53)，R_{10} (6.78)，V_{11} (6.22)，R_{17} (5.07)
广西	V_8 (7.87)，V_{10} (6.35)，R_2 (5.96)，R_9 (4.70)，V_9 (4.67)
海南	V_9 (10.49)，R_9 (7.88)，V_{12} (7.65)，V_{10} (5.23)，R_2 (4.96)
重庆	V_1 (9.12)，V_9 (7.34)，R_2 (7.13)，R_9 (6.13)，V_8 (4.20)
四川	V_8 (9.80)，V_{11} (6.79)，V_1 (5.60)，V_9 (5.57)，R_{17} (5.02)
贵州	V_8 (12.65)，V_{10} (8.05)，V_{11} (5.94)，R_2 (5.93)，V_9 (5.50)
云南	V_9 (19.10)，V_{10} (6.91)，V_3 (6.21)，R_9 (5.42)，V_{11} (4.93)
西藏	V_8 (21.99)，V_{10} (12.72)，V_3 (12.35)，R_{10} (6.94)，R_{19} (6.28)
陕西	V_8 (15.78)，V_{10} (7.11)，R_9 (5.85)，V_{11} (3.94)，V_6 (3.93)
甘肃	V_8 (12.09)，V_{10} (10.04)，R_9 (7.39)，V_{11} (5.58)，V_6 (4.22)
青海	R_9 (10.45)，V_{10} (9.05)，V_6 (5.92)，V_8 (5.28)，R_{19} (5.04)
宁夏	V_{10} (6.99)，R_9 (6.57)，V_6 (5.43)，R_{10} (4.91)，V_7 (4.85)
新疆	V_{10} (9.46)，R_2 (8.97)，V_8 (8.48)，R_9 (6.75)，R_{10} (6.35)

在农村养老脆弱性的地区差异方面（见表 4-6），影响东部 12 个省份

农村养老脆弱性排名前 5 位的影响因素为 R_9、R_{10}、V_9、V_1 和 V_3，分别出现了 9 次（75%）、8 次（66.67%）、6 次（50%）、6 次（50%）和 5 次（41.67%），说明低保人口中老年人占比、财政社保支出占比、恩格尔系数、老年抚养比和人口自然增长率 5 种因素成为东部地区各省份农村养老脆弱性的主要影响因素；不同于东部地区，中部地区省份农村养老脆弱性排名前 5 位的影响因素分别是 V_8（国家级贫困县数量）、V_{11}（农作物受灾面积）、R_2（新农合参合率）、R_{17}（低保金替代率）和 V_{10}（贫困发生率），以上 5 种影响因素在中部 9 省养老脆弱性影响因素中分别出现了 8 次、8 次、8 次、4 次和 3 次。而影响西部地区省份养老脆弱性排名前 5 位的因素主要集中在养老敏感性方面，其中 V_8（国家级贫困县数量）、V_{10}（贫困发生率）、R_9（低保人口中老年人占比）、V_9（恩格尔系数）和 V_{11}（农作物受灾面积）分别在西部 10 省养老脆弱性排名前 5 位影响因素中累计出现了 9 次、8 次、7 次、5 次和 5 次。

可以发现，虽然中、西部省份养老脆弱性主要影响因素中有部分重叠，但东、中、西三个地区农村养老脆弱性的影响因素本质上存在较大的差异。

表 4-6　　　　　**不同地区农村养老脆弱性排名前 5 位的影响因素**

地区	脆弱性排名前 5 位的影响因素
东部地区	R_9（75.00%）, R_{10}（66.67%）, V_9（50.00%）, V_1（50.00%）, V_3（41.67%）
中部地区	V_8（88.89%）, V_{11}（88.89%）, R_2（88.89%）, R_{17}（44.45%）V_{10}（33.34%）
西部地区	V_8（90.00%）, V_{10}（80.00%）, R_9（70.00%）, V_9（50.00%）, V_{11}（50.00%）

第三节　本章小结与讨论

本章将脆弱性评价与集对分析相结合，对我国农村地区养老脆弱性及其所存在的地区差异进行了测度，并利用障碍度模型对影响农村地区养老脆弱性的关键因素进行了识别。研究发现，我国农村地区养老脆弱性整体上处于中等水平，并呈现出显著的地域分布不均和省级差异较大的特征。

在众多影响农村地区养老脆弱性的因素中，老年抚养比、国家级贫困县数量、低保中老年人占比、农作物受灾面积、医疗保健支出占消费支出比例成为我国农村地区养老脆弱性的主要影响因素。

因而，在进一步提升农村地区养老服务体系能力的过程中，需要继续推进生育政策和生育服务体系的完善，以促进人口均衡发展为目标来降低老龄化对于农村养老服务体系带来的不利影响；统筹县域经济发展水平和发展质量提升，优化对现有扶贫政策和资源的利用效率以降低县域经济发展的脆弱性；建立农村地区综合性的社会救助体系，完善社会救助制度和五保制度的群体覆盖结构，适当向没有劳动能力和收入结构单一的农村老人倾斜，以降低农村老人绝对贫困的发生概率；重视农村地区自然灾害应急管理体制机制和农业保险体系建设，以气象防灾和多方参与减灾为重点，降低自然灾害对农业生产、农民生活与农村发展的不利影响；以提升新农合的筹资比例和医疗费用分担能力为基础，强化农村地区公共医疗卫生服务体系的医疗服务供给和健康保障能力，降低农民医疗支出所带来的经济风险。

整体而言，经济发展水平及其所决定的公共养老服务供给水平是影响农村养老脆弱性的关键，降低养老脆弱性的主要措施在于养老敏感性的"消敏"与养老应对能力的增强。由于养老脆弱性差异的客观存在，不同地区和省份的侧重点应当有所不同。分地区来看，在影响东部地区养老脆弱性的众因素中，低保中老年人占比、财政社保支出占比、农村恩格尔系数、农村老年抚养比和人口自然增长率是主要因素；中部地区养老脆弱性的主要影响因素分别为国家级贫困县数量、农作物受灾面积、新农合参合率、低保金占消费支出比例、贫困发生率；而西部地区的国家级贫困县数量、贫困发生率、低保人口中老年人占比、恩格尔系数和农作物受灾面积成为其农村养老脆弱性的主要致因。

因此，对于东部地区而言，继续提升财政支出中社会保障支出所占的比例、降低农村恩格尔系数成为增强农村地区养老脆弱性的关键。而对于中西部地区，促进经济发展的同时注重发展的"涓滴效应"和"益贫效应"，以减少贫困发生率作为减少农村地区养老脆弱性的政策选择。

虽然目前我国农村地区建立了以新农保和五保供养为主的普惠性的基

本养老服务体系，但农村养老服务体系的政策支持和供给水平还有待于进一步优化。与此同时，由于我国农村地区养老服务呈现出显著的省际和地域差距，中央政府在提升全国养老服务体系建设水平、实现基本养老服务均等化的过程中，适当加大对农村地区和中西部省份的资金和政策支持力度。与此同时，需要中央和地方政府在农村地区养老服务体系建设方面进行清晰的财权与事权责任划分，通过完善分税制和转移支付制度，实现中央财政对地方养老服务事业的有力支持。通过实施"民生导向"的绩效考核机制，提升地方政府提供养老服务产品的积极性。地方政府要依据本地区实际情况进行农村地区养老服务体系建设，创新养老服务供给方式，增强农村养老保障政策的针对性和有效性，努力提升本地区农村养老服务供给的水平和质量。

第五章　农民养老风险、策略与期望的代际差异

　　新中国六十余年的发展，是一段风雨兼程的历史。期间经历了人民公社大锅饭、三年自然灾害和"文化大革命"等历史事件，目前，正处在经济体制转轨和社会体制转型之双重变革的环境之中。不同代际的农民，他们的生存环境、养老资源以及养老观念，均呈现出很大差异。这些差异，不仅在一定程度上影响农民对养老问题的认识和对养老风险的判断，还将在一定程度上影响农民的养老保障策略与期望。随着我国人口老龄化程度的逐步加深，养老问题已经成为一个影响国家全局的战略型问题。而作为一个以农民为主的农业大国，农民的养老问题又显得更加突出。那么，农民到底面临着多大程度的养老风险呢，农民养老风险的表现形式是什么，农民应对养老风险的保障策略是什么，农民养老的期望是什么，农民的养老风险、策略与期望的代际差异及其变动趋势又是什么呢？等等，这些都是值得深入研究的问题。正确把握这些问题，不仅有助于我们认清当前农民养老问题的总体形势，还将指引我们构建具有针对性和更加"合乎民意"的养老保障政策。

　　农民的养老风险、策略与期望，是农民养老问题的三个方面，但不仅限于这三个方面。回顾已有的研究文献，农民养老问题的学术研究始于20世纪80年中期（宋健，2001）[①]。不同的时期，人们关注农民养老问题的角度不同。如果从农民养老的四个方面，即"谁来养"（养老主体）、"养不养"（养老态度）、"怎么样"（养老模式）和"养得怎样"（养老效果）来看，养老模式（"怎么养"的问题）是人们关注最多和主要研究的问题。进入新的世纪，人口老龄化扑面而来，并呈现出高速发展态势，农村

---

　　① 宋健：《农村养老问题研究综述》，《人口研究》2001 年第 6 期。

人口老龄化的程度更高、速度更快。而与之相伴的是，传统农村家庭养老保障功能的逐渐弱化和现代社会保障制度的长期缺位或低水平，农民对"老无所养"的担心（养老风险）日益突出，农民的养老风险和农民养老风险制度的构建，成为人们关注和研究的重要内容。

关于农民的养老风险，邓大松、王增文（2008）从风险理论的角度，界定了养老风险的内涵及其分类，分析了我国养老风险的特征、引致因素及规避对策[①]；刘冰、赵子乐（2012）认为人口老龄化和计划生育政策是农村养老风险的诱致因素，"新农保"具有一定的防控农民养老风险的能力[②]。乐章（2005）[③]、于长永（2010）[④] 和于长久（2011）[⑤] 从实证的角度，分析了农民的养老风险，结果显示农民对养老问题并没有表现出过度的忧虑，农民养老风险并不严重。由于农民养老的主要模式是家庭养老，而家庭养老的实质在某种意义上指的就是子女养老（穆光宗，2000）[⑥]。随着计划生育政策的继续执行，农村独生子女家庭的养老风险成为人们关注的重点，他们指出相对于农村多子女家庭而言，独生子女家庭面临着更加严重的养老风险（段世江、张岭泉，2007[⑦]；穆光宗，2007[⑧]；于长永，2009[⑨]；宋健，2013[⑩]）。

关于农民的养老策略，已有的研究更多的是从制度供给的角度，提出化解农民养老风险的制度模式，而鲜有从制度需求的角度，去关注农民多样化的养老策略，并提出"顺乎民意"的政策建议。一些学者尽管从微观

① 邓大松、王增文：《我国的养老风险及其规避问题探究——基于风险理论的视角》，《河南社会科学》2008 年第 5 期。

② 刘冰、赵子乐：《农村社会养老风险与"新农保"防控能力研究》，《农村经济》2012 年第 12 期。

③ 乐章：《风险与保障：基于农村养老问题的一个实证分析》，《农业经济问题》2005 年第 9 期。

④ 于长永：《农民的养老风险、策略与期望的地区差异分析》，《人口学刊》2010 年第 6 期。

⑤ 于长久：《人口老龄化背景下农民的养老风险及其制度需求》，《农业经济问题》2011 年第 10 期。

⑥ 穆光宗：《中国传统养老方式的变革和展望》，《中国人民大学学报》2000 年第 5 期。

⑦ 段世江、张岭泉：《农村独生子女家庭养老风险分析》，《西北人口》2007 年第 3 期。

⑧ 穆光宗：《独生子女家庭非经济养老风险及其保障》，《浙江学刊》2007 年第 3 期。

⑨ 于长永：《农村独生子女家庭的养老风险及其保障》，《西北人口》2009 年第 6 期。

⑩ 宋健：《"四二一"结构家庭的养老能力与养老风险》，《中国人民大学学报》2013 年第 5 期。

（农民个体）的角度，分析了农民的生计策略（苏芳等，2009[①]；左停、王智杰，2011[②]；许汉石、乐章，2012[③]；蒙吉军等，2013[④]），但他们是将农民养老问题纳入农民的生计问题之中，并未单独考察农民的养老保障策略。于长永（2010）针对中国地区社会经济发展不平衡的现实，分析了农民养老策略的地区差异，结果显示农民的养老策略存在明显的地区差异[⑤]。在风险治理理论的指导下，注重农民的期望与需求，是实现风险善治的重要途径，而已有的研究大多忽视了这一问题。于长永（2010）虽然关注到了农民的养老期望问题，但也只是分析了农民养老期望的地区差异[⑥]。

　　综上所述，已有研究尽管从不同角度分析了上述三个方面的农民养老问题，但明显的不足是忽略了农民养老风险、策略与期望的代际差异。农民当前面临的养老问题，有的是制度原因造成的，而有些是因为历史原因导致的，这预示着研究农民养老问题代际差异的现实意义。了解农民养老风险、策略与期望的代际差异，能够更加全面地审视农民养老问题的总体形势，并根据农民应对养老风险的微观策略和期望，提出更加具有针对性和合意性的政策建议。本书将从实证的角度，对上述问题加以分析，数据来自2009年2月在全国范围内开展的"劳动与社会保障问题"调查。按照分层抽样随机的原则，选取东部（江苏省、浙江省、山东省）、中部（河南省、湖北省、湖南省、安徽省）和西部（陕西省、四川省、广西壮族自治区）三个地区10个省份的35个行政村，共发放问卷1050份，回收有效问卷1032份，有效回收率98.3%。信度和效度检验显示，调查数据具有较好的代表性。

---

　　① 苏芳、蒲欣冬、徐中民、王立安：《生计资本与生计策略关系研究——以张掖市甘州区为例》，《中国人口资源与环境》2009年第6期。

　　② 左停、王智杰：《穷人生计策略变迁理论及其对转型期中国反贫困之启示》，《贵州社会科学》2011年第9期。

　　③ 许汉石、乐章：《生计资本、生计风险与农户的生计策略》，《农业经济问题》2012年第10期。

　　④ 蒙吉军、艾木入拉、刘洋、向芸芸：《农牧户可持续生计资产与生计策略的关系研究》，《北京大学学报》（自然科学版）2013年第2期。

　　⑤ 于长永：《农民的养老风险、策略与期望的地区差异分析》，《人口学刊》2010年第6期。

　　⑥ 同上。

第一节　农民的养老风险及其代际差异

农民的养老风险及其代际差异，包含四层含义：一是，农民养老风险程度的总体情况；二是，农民养老风险的表现形式；三是，农民养老风险程度的代际差异；四是，农民养老风险形式的代际差异。

一　农民的养老风险及其测量

界定和测量农民的养老风险，首先需要明白两个概念。一是，养老的内涵；二是，风险的概念。从字面意义上看，养老由"养"和"老"两个字构成。养，指赡养；老，指老（年）人。合到一起，养老是指赡养老人或"老有所养"[①]。因此，养老的实践内涵，可以界定为度过老年生活（穆光宗，2007）[②]。养老有广义和狭义之分，从广义上讲，养老几乎包含了老年人需求问题的全部；而狭义上的养老内容，主要包括经济保障、生活照料和精神慰藉三个方面。本书所指的养老，是狭义的养老概念。风险的本质是不确定性，也有广义和狭义之分。广义的风险，是指既有损失发生又有盈利可能的不确定性；狭义的风险，是指只有损失发生的不确定性。因此，狭义的风险，又称为"纯粹风险"。基于上述分析，养老风险的内涵可以界定为"老有所养"的不确定性或"老无所养"发生的可能性。

那么，如何测量养老风险呢？本书认为，农民在养老问题面前是理性的，他们根据自身所拥有的家庭养老资源、个体养老条件以及所处的社会与政策环境，对自己老年生活安全问题的合理判断与担心程度，能够较好地反映农民面临的养老风险。在问卷设计中，我们将农民的养老风险操作化为两个具体指标：即"根据您自身的家庭情况和个人条件，您担心自己的养老问题吗？"和"您最担心到老年遇到什么方面的养老问题？"前一个问题反映农民养老风险程度的总体情况，答案设计为：1 = 非常担心；2 =

---

① 从老年学理论来说，养老是指满足人类晚年阶段的基本生存需求、发展需求和精神享受需求。

② 穆光宗：《独生子女家庭非经济养老风险及其保障》，《浙江学刊》2007 年第 3 期。

比较担心；3＝不好说；4＝不太担心；5＝一点儿不担心。后一个问题反映
农民养老风险的呈现形式，答案设计为：1＝无经济来源；2＝生活无人照
料；3＝精神孤独空虚；4＝生病得不到治疗；5＝无人送老上山（临终陪护
的委婉表达）；6＝其他。农民养老风险程度及其风险形式的分布情况，见
表5-1。

表5-1　　　　　　农民养老风险与养老风险形式的交互分析　　　　（单位：%）

		您担心自己的养老问题吗?					合计
		非常担心	比较担心	不好说	不太担心	一点儿不担心	
最担心到老年会遇到什么方面的问题	无经济来源	22.6	35.4	15.5	22.6	3.9	100.0
		59.3	44.3	30.9	30.4	15.6	37.2
	生活无人照料	12.9	37.3	23.3	20.1	6.5	100.0
		24.8	34.1	34.0	19.8	18.8	27.2
	精神孤独空虚	2.0	13.2	18.6	42.6	23.5	100.0
		2.8	8.9	19.9	30.7	50.0	20.1
	生病得不到治疗	17.8	32.7	16.8	28.0	4.7	100.0
		13.1	11.5	9.4	10.6	5.2	10.8
	无人送老上山	0.0	20.0	20.0	40.0	20.0	100.0
		0.0	0.3	0.5	0.7	1.0	0.5
	其他	0.0	6.8	22.7	50.0	20.5	100.0
		0.0	1.0	5.2	7.8	9.4	4.2
合计（N＝1020）		14.2	29.9	18.7	27.7	9.4	100.0
		100.0	100.0	100.0	100.0	100.0	100.0

注释：Pearson Chi-Square＝191.40　　Asymp. Sig.＝0.000.

二　农民养老风险的总体情况

从农民的养老风险程度来看（表5-1），回答非常担心养老问题的农
民有14.2%，回答比较担心养老问题的农民有29.9%，二者合计为
44.1%。这也就是说，有44.1%的农民明确表示担心自己的养老问题，也

即面临着养老风险。有 27.7% 的农民表示不担心养老问题，有 9.4% 的农民表示一点儿不担心养老问题，也即这部分农民认为养老根本不成为问题。二者合计为 37.1%。这也就是说，有接近 38% 的农民明确表示不担心养老问题，也即不存在养老风险，或者说"老无所养"的可能性极低。另有 18.7% 的农民回答"不好说"。总体来看，养老问题并不是农民普遍担心的问题，农民的养老风险至少在目前看来并不是非常突出。但是，值得注意的是，随着农村人口老龄化的快速发展和大批农村青壮年人口长期外出务工或迁居城市，农民的养老问题将会变得更加严重。这是一个值得密切关注的问题。

从农民养老风险的表现形式来看（表 5-1），有 37.2% 的农民最担心的是到老年时无经济来源，有 27.2% 的农民最担心到老年时生活无人照料，有 20.1% 的农民最担心到老年时精神上孤独空虚。担心生病得不到治疗的农民有 10.8%，担心无人送老上山的农民有 0.5%。另有 4.2% 的农民担心的是其他问题。生病得不到治疗的问题本质上是经济保障问题，无人送老上山的问题则属于精神慰藉的范畴。这也就是说，有 48.0% 的农民在养老问题上面临着经济保障风险，有 27.2% 的农民面临着生活照料风险，有 20.6% 的农民面临着精神慰藉风险。农民对不同层面养老问题的担心，既是对农民客观养老现实的反映，也是农民对养老需求层次的理性表达。因此，在相当长的时间内，如何通过多种渠道增加农民的收入，提高他们的经济保障能力，是规避农村养老风险向社会风险转化的重要任务。但是，要让农村老年人活得体面有尊严，活得健康快乐，还应该大力加强农村养老服务体系建设。

三　农民养老风险的代际差异

从农民养老风险程度的代际差异来看（见表 5-2），20 世纪 80 年代的农民，有 38.5% 表示担心（包括非常担心和比较担心）自己的养老问题，即这部分群体面临养老风险；20 世纪 70 年代的农民，有 61.3% 的表示担心自己的养老问题；20 世纪 60 年代的农民，有 41.1% 的表示担心自己的养老问题；20 世纪 50 年代的农民，有 44.4% 的表示担心自己的养老问题。这也既是说，20 世纪 70 年代的农民面临的养老风险最大，20 世纪 80 年代的农民面临的养老风险最小①。那么，这种差异是否具有普遍性呢?

表 5-2　　　　　农民养老保障策略与不同年代农民的交互分析　　　单位:%

		不同年代的农民				合计
		20 世纪 80 年代	20 世纪 70 年代	20 世纪 60 年代	20 世纪 50 年代	
保障老年生活的办法之最重要一项	非常担心	9.4	38.5	35.9	16.2	100.0
		9.6	25.3	14.4	11.1	15.5
	比较担心	14.2	27.6	33.6	24.6	100.0
		28.9	36.0	26.7	33.3	30.7
	不好说	24.6	16.4	34.3	24.6	100.0
		28.9	12.4	15.8	19.3	17.7
	不很担心	13.9	14.9	47.6	23.6	100.0
		25.4	17.4	33.9	28.7	27.5
	完全不担心	12.5	25.0	42.2	20.3	100.0
		7.0	9.0	9.2	7.6	8.5
合计（N＝755）		15.1	23.6	38.7	22.6	100.0
		100.0	100.0	100.0	100.0	100.0

注: Pearson Chi-Square ＝43.21, Asymp. Sig. ＝0.000

　　为了验证农民养老风险的代际差异到底是由于样本的差异所致，还是可以基于此来推断总体，同时为了对不同年代农民的养老风险程度大小进行排序。本书对不同年代农民的养老风险程度进行单因素方差分析，方差分析结果见表 5-3 和图 5-1。

表 5-3　　　　　农民养老风险程度的单因素方差分析结果

不同代际农民	N	均值	标准差	标准误	均值的 95%置信区间	
					下限	上限
20 世纪 80 年代	114	2.91	1.102	0.103	2.71	3.12

---

① 本书中 20 世纪 80 年代的农民，指出生于 20 世纪 80 年代的农民，其他以此类推。

续表

不同代际农民	N	均值	标准差	标准误	均值的95%置信区间	
					下限	上限
20世纪70年代	178	2.49	1.285	0.096	2.30	2.68
20世纪60年代	292	2.97	1.247	0.073	2.83	3.11
20世纪50年代	171	2.88	1.167	0.089	2.71	3.06
合计	755	2.83	1.230	0.045	2.74	2.92

注：F值=6.209，Asymp. Sig.=0.000

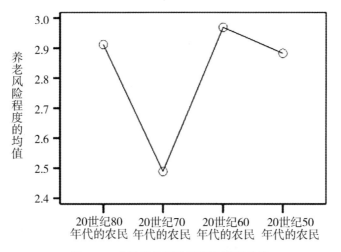

图5-1　农民养老风险程度的代际差异

　　从表5-3和图5-1的统计结果来看，农民的养老风险程度存在显著的代际差异，且这种差异不仅存在于样本农民中，而且具有普遍性，即在总体农民中也存在。从不同代际农民养老风险程度大小的排序来看，20世纪70年代的农民养老风险最大，20世纪50年代、60年代和80年代的农民，面临的养老风险程度比较接近且相对较小。一个可能的解释是，20世纪50年代和60年代的农民，一般生育的子女比较多，成为50年代和60年代农民的重要养老资源，降低了他们对养老问题的担心。20世纪70年代的农民，正好赶上严格的计划生育政策，生育子女数大大降低，同时，市场经济的发展和外出务工的增多，又拉大了农民代际之间的距离，再加上

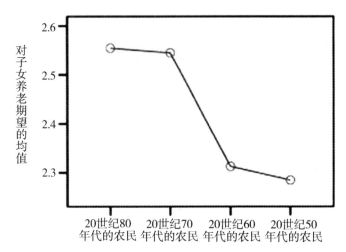

图 5-2　农民对子女养老期望的代际差异

人口老龄化的发展和农村社会保障制度的低水平，导致 20 世纪 70 年代农民的养老风险最大。20 世纪 80 年代的农民养老风险最小（排除"说不清"之后），可能是因为他们基于现实的观察，从理性预期的角度，降低了对子女、对农村养老保险制度等的依赖，而尽早为养老谋划，树立独立养老的意识所致。这种推断是否正确，可以从下文农民的养老策略安排中加以验证。

　　从农民养老风险形式的代际差异来看（见表 5-4 和图 5-3），20 世纪 80 年代的农民中，担心经济保障问题的有 50.8%，担心生活照料问题的有 21.7%，担心精神慰藉问题的有 20.8%，另有 6.7% 的农民担心其他方面的问题。20 世纪 70 年代的农民中，担心经济保障问题的有 57.5%，担心生活照料问题的有 22.3%，担心精神慰藉问题的有 19.6%，另有 0.6% 的农民担心其他方面的问题。20 世纪 60 年代的农民中，担心经济保障问题的有 46.9%，担心生活照料问题的有 25.3%，担心精神慰藉问题的有 25.0%，另有 2.7% 的农民担心其他问题。20 世纪 50 年代的农民中，担心经济保障问题的有 44.5%，担心生活照料问题的有 34.1%，担心精神慰藉问题的有 12.1%，另有 9.2% 的农民担心其他问题。因此相对而言，经济保障风险最为突出的是 20 世纪 70 年代的农民，生活照料风险最为突出的是 20 世纪 50 年代的农民，精神慰藉风险最为突出的是 20 世纪 60 年代的农民。

表 5-4　　　　　　　　农民养老保障策略与不同年代农民的交互分析

		不同年代的农民（%）				合计
		20 世纪 80 年代	20 世纪 70 年代	20 世纪 60 年代	20 世纪 50 年代	
最担心到老年会遇到什么方面的问题	经济保障问题	16.1	27.2	36.2	20.4	100.0
		50.8	57.5	46.9	44.5	49.5
	生活照料问题	13.1	20.1	37.2	29.6	100.0
		21.7	22.3	25.3	34.1	26.0
	精神慰藉问题	16.2	22.7	47.4	13.6	100.0
		20.8	19.6	25.0	12.1	20.2
	其他方面问题	24.2	3.0	24.2	48.5	100.0
		6.7	0.6	2.7	9.2	4.3
合计（N＝764）		15.8	23.4	38.2	22.6	100.0
		100.0	100.0	100.0	100.0	100.0

注：Pearson Chi-Square＝37.625，Asymp. Sig.＝0.000

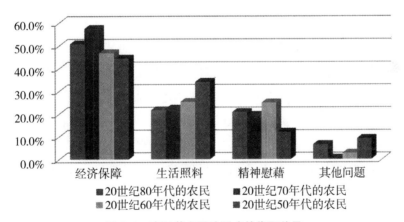

图 5-3　农民养老风险形式的代际差异

　　农民的养老风险形式，为什么呈现出上述统计结果呢？从马斯洛的需求层次理论来看，20 世纪 70 年代的农民目前尚未到养老期，最担心的养老问题是养老的核心问题——经济保障，因为只有经济保障得以解决，才能满足老年时期的基本生活，因此 70 年代的农民最为担心的是经济保障问题；20 世纪 50 年代的农民正处在养老期，生活自理能力逐渐下降，由于正赶上外出务工潮，代际分离加大导致生活无人照料，因此生活照料风险成为 50 年代的农民最为担心的问题；20 世纪 60 年代的农民即将进入养老期，经济保障问题可通过自己、子女和制度共同解决，农村养老服务体系的加快也为解决生活照料问题提供了安全预期，子女外出务工忙于小家庭的生计难以"常回家看看"，使得农民享受过去那种"儿孙绕膝"的"天伦之乐"变得困难，因此 60 年代的农民面临的精神慰藉风险更为突出。同时，从卡方检验的结果来看，这种差异是客观存在的，即农民的养老风险形式也存在显著的代际差异。

第二节　农民的养老策略及其代际差异

农民的养老策略及其代际差异，包括两个方面的内容：一是，农民的养老策略是如何安排的；二是，农民的养老策略是否存在显著的代际差异。

一　农民的养老策略及其测量

策略的基本含义是计策或谋略，是指为了达到某种目的或实现某种目标而采取的手段，是手段与目的的结合（于长永，2012）[①]。农民的养老策略，是指农民为了降低养老风险、实现"老有所养"，而采用的一些手段或准备的一些措施。大量的研究证明，农民是理性的，也是风险厌恶型的（Roumasset，1976[②]；Ellis，1988[③]；詹姆斯·斯科特，2001[④]），农民养老策略背后反映的是农民对养老风险与保障条件权衡之后的理性选择。因

[①] 于长永：《农民"养儿防老"观念的代际差异及转变趋向》，《人口学刊》2012 年第 6 期。

[②] Roumasset, *Rice and risk*: *Decision Making Among Low Income Farmers*. North Holland, Amsterdam. 1976.

[③] Llis, F., *Peasant Economics*, Cambridge University Press, 1988.

[④] 詹姆斯·斯科特：《农民的道义经济学：东南亚的生存与反叛》，程立显等译，南京译林出版社 2001 年版。

此，在商品化手段缺失和制度化安排缺位的农业经济时代，"养儿防老"是农民养老的风险最小化选择（杜林，2006）[1]。随着农民养老风险的增加和保障条件的改变，演化出了家庭保障、土地保障、集体保障、社会保障、商业保险以及独立养老等多种养老策略（于长永，2012）[2]。

本书用两个指标来反映农民的养老策略：一个指标是："到老年，您获得生活帮助的最主要途径是什么？"另一个指标是："为了保障老年生活，您自己最主要的办法是什么？"前一个指标用来反映农民在面临养老风险时，养老策略安排的责任指向或渠道，答案设计为子女、亲戚、社区、养老保险（制度）、政府救助和只能靠自己6个方面。后一个指标反映农民在面临养老风险时，养老策略安排的具体措施，答案设计为多生儿子、多在子女教育上投资、保持劳动能力种地、多储存点钱或财产、购买商业养老保险、参加社会养老保险和没办法老了再说。农民养老策略的统计结果见表5-5。

表5-5　　　　　　　　　农民的养老支持与最主要养老策略

| | | 到老年时，获得养老支持的最主要途径（%） | | | | | | 合计 |
		子女	亲戚	社区	养老保险	政府救助	只能靠自己	
保障老来生活最重要策略	多生儿子	93.8	0.0	0.0	0.9	2.7	2.7	100.0
		14.2	0.0	0.0	1.2	15.8	2.9	11.7
	多在子女教育上投资	90.1	1.1	1.1	2.2	0.5	4.9	100.0
		21.9	66.7	22.2	4.9	5.3	8.6	18.8
	保持劳动能力种地	66.7	0.0	3.2	0.0	3.2	27.0	100.0
		5.6	0.0	22.2	0.0	10.5	16.2	6.5
	多储存点钱或财产	79.3	0.3	0.8	4.3	1.0	14.4	100.0
		41.9	33.3	33.3	20.7	21.1	54.3	41.0
	购买商业养老保险	33.3	0.0	0.0	33.3	33.3	0.0	100.0
		0.1	0.0	0.0	1.2	5.3	0.0	0.3

---

[1]　杜林：《后农业税时代农村改革探讨》，《新视点（宿州）》2006年第3期。

[2]　于长永：《农民"养儿防老"观念的代际差异及转变趋向》，《人口学刊》2012年第6期。

		到老年时，获得养老支持的最主要途径（%）						合计
		子女	亲戚	社区	养老保险	政府救助	只能靠自己	
保障老来生活最重要策略	参加社会养老保险	49.7	0.0	0.7	40.1	3.4	6.1	100.0
		9.7	0.0	11.1	72.0	26.3	8.6	15.2
	没办法老了再说	77.8	0.0	1.6	0.0	4.8	15.9	100.0
		6.5	0.0	11.1	0.0	15.8	9.5	6.5
总计（N=967）		77.5	0.3	0.9	8.5	2.0	10.9	100.0
		100.0	100.0	100.0	100.0	100.0	100.0	100.0

注释：Pearson Chi-Square=305.30 Asymp. Sig. =0.000

二　农民养老策略的总体安排

表5-5的统计结果显示，农民在面临养老需求时，首先想到的还是子女，有77.5%的农民选择子女作为他们获得养老支持的最主要渠道；其次是自己，有10.9%的农民把自己作为获得养老支持的最主要途径；社会养老保险也是农民获得养老支持的一个重要渠道，有8.5%的农民选择了这一渠道。选择亲戚和社区的农民合计只有1.2%，还不及选择政府救助的农民多。一个可能的解释是，农村人口流动、贫富分化以及非正式约束的弱化，使得农民养老的非正式网络更加脆弱和不稳定。

从农民养老的具体策略来看，有30.5%的农民选择依靠子女养老（包括要生儿子和多在子女教育上投资），有47.5%的农民选择依靠自己（包括保持劳动能力种地和多储存点钱或财产），有15.2%的农民选择参加社会养老保险，而只有0.3%的农民选择购买商业养老保险。这也即是说，依靠自己是农民养老的主要保障策略，其次是依靠子女，依靠社会养老保险的比例虽然不高，但农村社会养老保险作为一种正式的养老制度安排已经被农民所接受。依靠商业养老保险的比例如此之低，验证了郑功成教授（2008）对这一问题的判断，即商业保险在相当长的时间内，难以作为农民可靠的养老保障策略[①]。

---

① 郑功成：《中国农村社会养老保障政策研究》，《人口与计划生育》2008年第3期。

三　农民养老策略的代际差异

为了简化分析，本书把农民的养老策略进行同类项合并。其中，把多生儿子和多在子女教育上投资合并为依靠子女，从养老模式上看，属于家庭养老模式；把保持劳动能力种地、多储存点钱或财产以及购买商业养老保险合并为依靠自己，从养老模式上看，属于独立养老模式。合并之后，农民的养老策略包括四个方面，即依靠子女、依靠自己、依靠社保和没办法老了再说。农民养老策略的代际差异见表5-6和图5-4。

表5-6　　　　　农民养老保障策略与不同年代农民的交互分析

		不同年代的农民（%）				合计
		20世纪80年代	20世纪70年代	20世纪60年代	20世纪50年代	
保障老年生活的办法之最重要的一项	依靠子女	17.8	23.5	34.7	23.9	100.0
		32.2	28.6	26.9	29.7	28.8
	依靠自己	18.8	21.5	37.6	22.1	100.0
		54.2	41.7	46.5	43.5	45.9
	依靠社保	10.1	28.8	43.9	17.3	100.0
		11.9	22.8	22.2	14.0	18.8
	老了再说	4.2	25.0	25.0	45.8	100.0
		1.7	6.9	4.4	12.8	6.5
合计（N=740）		15.9	23.6	37.2	23.2	100.0
		100.0	100.0	100.0	100.0	100.0

注：Pearson Chi-Square=28.58，Asymp. Sig.=0.001

从表5-6的统计结果来看，20世纪80年代的农民中，有32.2%的选择依靠子女，有54.2%选择依靠自己，有11.9%选择依靠社保，另有1.7%的农民选择等老了再说；20世纪70年代的农民中，有28.6%选择依靠子女，有41.7%选择依靠自己，有22.9%选择依靠制度，另有6.9%的农民选择等老了再说；20世纪60年代的农民中，有26.9%选择依靠子女，有46.5%选择依靠自己，有22.2%选择依靠社保，另有4.4%的农民选择等老了再说；20 世纪 50 年代的农民中，有 29.7%选择依靠子女，有 43.6%选择依靠自己，有 14.0%选择依靠社保，另有 12.8%的农民选择等老了再说。从卡方检验的结果来看，农民的养老策略存在显著的代际差异，并且这种差异不仅存在于样本农民中，也存在于总体农民中，即农民养老策略的代际差异具有普遍性。

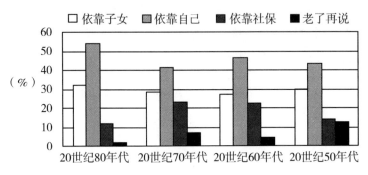

图 5-4　不同年代农民的养老保障策略

　　从农民养老策略的变化趋势来看，从 20 世纪 50 年代到 80 年代，农民的养老策略呈现出明显的趋势性：一是，依靠自己的比例呈现出逐年增加的趋势，并且这种逐年增加的趋势通过了显著性检验（Asymp. Sig. = 0.001），即这种变化趋势具有普遍性；二是，依靠社保的比重呈现出明显的增加趋势（20 世纪 80 年代农民的这一比例有所下降），这说明，农村社会养老保险制度作为应付养老风险的一种保障策略正逐渐被农民所接受。20 世纪 80 年代的农民选择依靠社保的比例之所以下降，可能有以下两个原因：一是，80 年代的农民目前还很年轻，养老对他们来说还很遥远，这解释了为什么当前农村 35 岁以下的农民不愿意参加农村社会养老保险制度；二是，当前的农村社会养老保险制度保障水平太低，不足以作为他们养老的依靠。

　　表 5-6 和图 5-4 的统计结果还说明了另外两个问题：一是，依靠子女虽然已经不是主流，但是由于现代社会保障制度的长期缺位和低水平，以及农民独立养老能力较低，它仍然是农民保障老年生活的一种重要策略，国家在制定农民养老的社会政策时不可忽视这一点；二是，在养老风险面前，农民有了更为明确的风险预知和策略安排，即四个年代的农民中，选

择"没办法老了再说"的比例，不仅非常少，而且呈现出明显的下降趋势，这也预示着，随着养老风险的增加，农民会根据自身的条件，对政府和社会提出更多符合实际的养老需求（于长永，2012）[①]，政府有关部门在制定农村社会政策时，如若把农民的微观需求纳入政策制定过程，设计出"顺乎民意"的农村社会政策，不仅能够提高农村社会政策制定的质量，也能激活农村的养老资源和农民的创新积极性。

第三节　农民的养老期望及其代际差异

前文已经分析，广义的养老概念几乎涵盖了农民老年生活需求的全部内容。与此相对应，广义的农民养老期望，也可以说"包罗万象"，而本书所分析的养老期望，是指狭义养老概念下的农民养老期望。

一　农民的养老期望及其测量

中国农民素有艰苦勤劳的传统美德，如果他们的健康状况允许，即使社区或子女完全有能力供养他们，老人们一般也不愿放弃劳动，直到他们确实不能再劳动为止（乐章，2005）[②]。引申到养老问题上，如果农民有能力独立养老，农民在养老问题上一般是不指望子女或政府的。因此，狭义的农民养老期望，可以界定为农民在面临养老困难时，对他人或法律制度的一种心理诉求。为了测量农民的养老期望，本书设计了三个指标，即对"下一代能够完全赡养你们"的期望、对"政府尽力帮助解决您的老年生活问题"的期望和对"老年权益得到法律保障"的期望。这一组期望，不仅能够客观反映农民养老生活保障的现实状况，也能够反映农民社会保障权利意识的觉醒和对制度公平回归的期待（于长永，2010）[③]。农民对养老不同方面期望程度的差异，反映了农民养老诉求实现的可能性。三个问题的答案均设计为"1＝很大期望；2＝较大期望；3＝一般；4＝较小期望；

---

① 于长永：《农民"养儿防老"观念的代际差异及转变趋向》，《人口学刊》2012年第6期。
② 乐章：《风险与保障：基于农村养老问题的一个实证分析》，《农业经济问题》2005年第9期。
③ 于长永：《农民的养老风险、策略与期望的地区差异分析》，《人口学刊》2010年第6期。

5=不抱期望"。农民养老期望的总体情况见表5-7。

表5-7 农民养老期望的总体情况 单位：个/%

		农民对不同养老期望的期望程度					合计
		很大期望	较大期望	一般	较小期望	不抱期望	
下一代能够完全赡养你们	频数分布	286	467	6	190	76	1025
	有效百分比	27.9	45.6	0.6	18.5	7.4	100.0
政府尽力帮助解决养老问题	频数分布	107	271	76	320	246	1020
	有效百分比	10.5	26.6	7.5	31.4	24.1	100.0
老年权益得到法律保障	频数分布	131	310	67	312	200	1020
	有效百分比	12.8	30.4	6.6	30.6	19.6	100.0

二 农民养老期望的总体情况

从表5-7的统计结果来看，农民的养老期望呈现出明显的不同。农民对"下一代能够完全赡养"抱有期望（包括很大期望和较大期望）的农民有73.5%，对"政府尽力帮助解决养老问题"抱有期望的农民有37.1%，对"老年权益得到法律保障"抱有期望的农民有33.2%。总体来看，农民对"下一代能够完全赡养你们"抱有的期望最高，其次是对"政府尽力帮助解决老年生活问题"，农民对"老年权益得到法律保障"的期望，虽然在三种期望中所占比例最低，但所占比例也接近三分之一。如果说，农民对"下一代能够完全赡养你们"的期望，反映了农民养老的传统和农民养老的无奈，那么，农民对"政府尽力帮助解决老年生活问题"的期望和对"老年权益得到法律保障"的期望，则分别反映了农民社会保障权利意识的觉醒和农民对制度公平回归的期待。

三 农民养老期望的代际差异

从农民对"下一代能够完全赡养你们"的期望的代际差异来看（表5-8），20世纪80年代的农民中，对"下一代能够完全赡养你们"抱有期望的农民有65.5%。20世纪70年代的农民中，对"下一代能够完全赡养

你们"抱有期望的农民有64.6%。20世纪60年代的农民中，对"下一代
能够完全赡养你们"抱有期望的农民有73.6%。20世纪50年代的农民中，
对"下一代能够完全赡养你们"抱有期望的农民有78.5%。从卡方检验
（Asymp. Sig. ＝0.000）的结果来看，农民对"下一代能够完全赡养你们"
的期望存在显著的代际差异。单因素方差分析的结果显示，农民对"下一
代能够完全赡养你们"期望的代际差异，不仅存在于样本中，而且具有普
遍性。从农民对"下一代能够完全赡养你们"的期望程度来看（见图5-
2），从20世纪50年代到80年代，农民对"下一代能够完全赡养你们"
的期望程度呈现出逐年下降的趋势。这一统计结果与农民养老保障策略的
变化趋势相吻合，即农民依靠自己养老的比例呈现出逐年上升的趋势。

表5-8　　　　　农民对"下一代能够完全赡养你们"期望的代际差异

		不同年代的农民（%）				合计
		20世纪80年代	20世纪70年代	20世纪60年代	20世纪50年代	
对"下一代能够完全赡养你们"的期望	很大期望	12.2	25.0	48.4	14.4	100.0
		19.3	26.4	31.3	15.7	24.7
	较大期望	15.5	19.2	34.8	30.5	100.0
		46.2	38.2	42.3	62.8	46.6
	一般	25.0	50.0	0.0	25.0	100.0
		0.8	1.1	0.0	0.6	0.5
	较小期望	20.6	26.5	31.6	21.3	100.0
		26.9	23.0	16.8	19.2	20.4
	不抱期望	13.6	33.9	47.5	5.1	100.0
		6.7	11.2	9.6	1.7	7.8
合计（N＝760）		15.7	23.4	38.3	22.6	100.0
		100.0	100.0	100.0	100.0	100.0

注：Pearson Chi-Square＝46.085，Asymp. Sig. ＝0.000

　　从农民对"政府尽力帮助解决老年生活问题"期望的代际差异来看，
20世纪80年代的农民中，有23.5%的农民对"政府尽力帮助解决老年生

活问题"抱有期望；20世纪70年代的农民中，有52.8%的农民对"政府尽力帮助解决老年生活问题"抱有期望；20世纪60年代的农民中，有40.9%的农民对"政府尽力帮助解决老年生活问题"抱有期望；20世纪50年代的农民中，有24.4%的农民对"政府尽力帮助解决老年生活问题"抱有期望。

从卡方检验的结果（Asymp. Sig. = 0.000）来看，农民对"政府尽力帮助解决老年生活问题"的期望存在显著的代际差异，单因素方差分析结果显示，农民对"政府尽力帮助解决老年生活问题"期望的代际差异不仅存在于样本农民中，而且在总体农民中也存在。从农民对"政府尽力帮助解决老年生活问题"的期望程度来看（见图5-5），20世纪70年代的农民对"政府尽力帮助解决老年生活问题"的期望程度最大，20世纪80年代的农民对"政府尽力帮助解决老年生活问题"的期望程度最小。

表5-9　　农民对"政府尽力帮助解决老年生活问题"期望的代际差异

		不同年代的农民（%）				合计
		20世纪80年代	20世纪70年代	20世纪60年代	20世纪50年代	
对"政府尽力帮助解决老年生活问题"的期望	很大期望	3.8	44.3	48.1	3.8	100.0
		2.5	19.7	13.3	1.7	10.5
	较大期望	12.4	29.2	39.1	19.3	100.0
		21.0	33.2	27.6	22.8	26.8
	一般	4.3	4.4	52.2	39.1	100.0
		1.7	1.1	8.4	10.5	6.1
	较小期望	23.6	16.7	31.8	27.9	100.0
		46.2	21.9	25.9	37.8	30.9
	不抱期望	17.4	22.1	36.4	24.1	100.0
		28.6	24.2	24.8	27.3	25.8
合计（N=755）		15.8	23.6	37.8	22.8	100.0
		100.0	100.0	100.0	100.0	100.0

注：Pearson Chi-Square = 79.974，Asymp. Sig. = 0.000

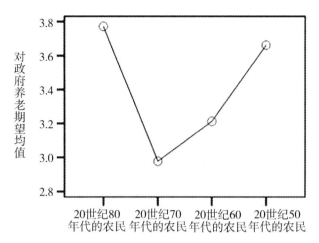

图5-5　农民对政府养老期望的代际差异

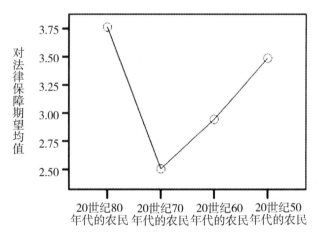

图5-6　农民对法律保障期望的代际差异

从农民对"老年基本权益得到法律保障"期望的代际差异来看，20世纪80年代的农民中，有24.6%的农民对"老年基本权益得到法律保障"抱有期望；20世纪70年代的农民中，有67.4%的农民对"老年基本权益得到法律保障"抱有期望；20世纪60年代的农民中，有49.5%的农民对"老年基本权益得到法律保障"抱有期望；20世纪50年代的农民中，有32.0%的农民对"老年基本权益得到法律保障"抱有期望。从卡方检验的结果（Asymp. Sig. = 0.000）来看，农民对"老年基本权益得到法律保障"

的期望存在显著的代际差异，单因素方差分析结果显示，农民对"老年基本权益得到法律保障"期望的代际差异不仅存在于样本农民之中，而且也存在于农民的总体之中。从农民对"老年基本权益得到法律保障"的期望程度来看（见图5-6），20世纪70年代的农民对"老年基本权益得到法律保障"的期望程度最大，80年代的农民对"老年基本权益得到法律保障"的期望程度最小。

表5-10　　　农民对"老年基本权益得到法律保障"期望的代际差异

		不同年代的农民（%）				合计
		20世纪80年代	20世纪70年代	20世纪60年代	20世纪50年代	
对"老年权基本益得到法律保障"的期望	很大期望	5.8	40.8	48.5	4.9	100.0
		5.1	23.6	17.3	2.9	13.6
	较大期望	9.4	32.0	38.1	20.5	100.0
		19.5	43.8	32.2	29.1	32.2
	一般	8.8	14.7	38.2	38.2	100.0
		2.5	2.8	4.5	7.6	4.5
	较小期望	20.2	13.8	38.4	27.6	100.0
		39.8	18.0	30.8	37.2	30.6
	不抱期望	27.1	14.6	30.5	27.8	100.0
		33.1	11.8	15.2	23.3	19.0
合计（N=757）		15.6	23.5	38.2	22.7	100.0
		100.0	100.0	100.0	100.0	100.0

注：Pearson Chi-Square=92.228，Asymp. Sig.=0.000

20世纪80年代的农民对三个方面的期望程度都是最低的。从前后统计结果的对比来看，农民养老期望的代际差异和规律，与农民养老风险的代际差异和规律相对应，它们共同揭示的是农民家庭养老资源、个体养老条件、法制环境以及养老观念等的代际差异。

第四节 本章小结与政策启示

本章利用来自 2009 年全国十个省份 1032 位农民的调查数据，实证分析了农民养老风险、策略与期望的代际差异。主要研究结论与政策启示是：

一 本章小结

首先，农民的养老风险并不是非常突出，但养老风险的代际差异非常明显。

从总体来看，农民的养老风险并不是非常严重，统计结果显示，只有44.1%的农民担心（包括非常担心和比较担心）自己的养老问题，也即是说面临养老风险的农民所占比例不到50%，农民的养老风险并不像学者们所忧虑的那样严重。农民的养老风险形式，包括经济保障风险、生活照料风险和精神慰藉风险三个方面，其中有48.0%的农民面临的主要养老风险是经济保障风险，有27.2%的农民面临的主要养老风险是生活照料风险，有20.1%的农民面临的养老风险是精神慰藉风险。尽管大多数农民面临的养老风险依然是经济保障风险，但在人口老龄化加快和代际分离加大的背景下，农民的非经济养老风险已经比较突出。

从代际差异的角度来看，农民的养老风险程度和养老风险形式均呈现出显著的代际差异。20 世纪 70 年代的农民，面临的养老风险程度最大，20 世纪 50 年代、60 年代和 80 年代的农民，面临的养老风险程度比较接近，且相对较低，但是原因却并不相同。20 世纪 80 年代的农民，面临的养老风险低，更多的是因为他们养老的独立性增强导致的，而 20 世纪 50 年代和 60 年代的农民，面临的养老风险程度低，则更多的是因为他们拥有较多的家庭养老资源（如子女多）和消费水平低所致。相对而言，经济保障风险最为突出的是 20 世纪 70 年代的农民，生活照料风险最为突出的是 20 世纪 50 年代的农民，精神慰藉风险最为突出的是 20 世纪 60 年代的农民。

其次，依靠自己是农民养老的最主要策略，养老策略的代际差异显著。

从农民养老策略的总体安排来看，尽管有 77.5% 的农民在面临养老困境时，首先想到的还是从子女那里获得帮助，但是过去那种通过多生儿子和在子女教育上投资，已经不是农民养老的主要策略，只有 30.5% 的农民选择通过多生儿子和在子女教育上投资来解决养老问题，而有 47.5% 的农民通过保持劳动能力种地和多储存点钱或财产，来解决他们可能面临的养老困境。随着农村社会养老保险制度的迅速普及，尽管目前的保障水平还比较低，但农村社会养老保险作为一种正式的制度安排，已经被农民所接受，统计结果显示，有 15.2% 的农民选择通过参加社会养老保险来解决养老问题。从不同养老策略的重要性程度上来看，农民的养老保障策略，已经形成了一种"以独立养老为主，以家庭养老为基础和以社会养老为补充的'福利三角'框架"（于长永，2012）①。

从代际差异的角度来看，从 20 世纪 50 年代到 80 年代，农民依靠自己（包括保持劳动能力种地和多储存点钱或财产）的比例，呈现出逐年增加的趋势，这预示着农民养老观念的转型，即从"依赖养老"向"独立养老"转变；从 20 世纪 50 年代到 80 年代，农民依靠社保的比重也呈现出明显的增加趋势（20 世纪 80 年代农民的这一比例有所下降）。依靠子女虽然已经不是农民的主流养老策略，但是由于现代农村社会养老保险制度的长期缺位和低水平，以及农民的独立养老能力较低，依靠子女仍然是农民保障老年生活的一种重要策略，从 20 世纪 50 年代到 80 年代，选择依靠子女的比例始终稳定在 35% 左右，就充分说明了这一点。在养老风险面前，农民有了更为明确的风险预知和策略安排，即在四个年代的农民中，选择"没办法老了再说"的比例不仅非常少，而且表现出明显的下降趋势。

最后，农民对子女养老的期望最大，对政府养老和法律保障的期望较低，养老期望的代际差异显著。

从农民对三个方面养老期望的总体情况来看，农民对"子女能够完全赡养你们"（子女养老）的期望是最大的，而对"政府尽力帮助解决老年

---

① 于长永：《农民"养儿防老"观念的代际差异及转变趋向》，《人口学刊》2012 年第 6 期。

生活问题"（政府养老）和"老年权益得到法律保障"的期望则相对较低。统计结果显示，有73.5%的农民对"子女养老"抱有期望，而对"政府养老"和老年权益得到法律保障抱有期望的农民，所占比例分别为37.1%和33.2%。有三分之一左右的农民对"政府养老"和"法律保障"抱有期望，在一定程度上反映了农民社会保障权利意识的觉醒和对制度公平回归的期待。

从代际差异的角度来看，从20世纪50年代到80年代，农民对"子女养老"的期望程度呈现出逐年下降的趋势，这与农民养老保障策略的变化趋势比较吻合，即依靠自己的农民所占比例呈现出逐年上升的趋势。在对"政府养老"和老年权益得到法律保障的期望方面，均是20世纪70年代农民的期望程度最大，而20世纪80年代农民的期望程度最小。农民养老期望的代际差异，既是农民养老风险的代际差异的反映，也是农民养老资源和养老条件的代际差异的反映。

二　政策启示

基于上述研究结论，本书的政策启示是：

第一，无论是国家，还是社会，不必对农民的养老问题过于忧虑。随着城镇化、工业化和市场化的发展以及农村计划生育政策的继续执行，农村人口老龄化程度必将进一步提高，农村老年人面临的空巢问题、养老问题也必将更加突出，这是值得持续关注和深入调查研究的问题。但从目前来看，我们不必对农民的养老问题过于忧虑，如果农民的判断是理性的，那么，只有45%左右的农民表示担心自己的养老问题，已经充分说明，当前农民的养老问题并不是非常严重，农民的养老风险在短期内不会成为影响农村社会稳定的社会风险。但这绝不能成为政府推卸对农民养老责任的借口，在我国人口老龄化高峰到来之前，建立健全农村社会养老保障体系和服务体系以应对农民的养老风险是政府的当务之急。

第二，解决农民的养老问题，要分对象，分内容，分方式。在中国社会阶层分化比较明显的今天，农民的养老问题也呈现出明显的异质性。因此，解决农民的养老问题，应该分对象，分内容，分方式。统计结果显示，20 世纪 70 年代的农民面临的养老风险最大，且他们最大的养老风险是经济保障风险，因此，对于 70 年代的农民，如何促进农民就业、加快农民工的城市融入，是政府应该着力解决的问题。20 世纪 50 年代和 60 年代的农民，他们面临的主要养老风险，更多的是非经济养老风险，这一统计结果彰显了当前政府加快建立城乡养老服务体系决策的智慧性和针对性。从 20 世纪 50 年代到 80 年代，农民的独立养老意识逐渐增强，因此，政府可以通过建立"个人养老资产专户"的形式，来增强农民的独立养老能力。

第三，弘扬优秀文化，建设家庭美德，促进家庭养老健康发展。纵观世界各国，尽管主要养老保障模式有所不同，但家庭养老作为一种传统的养老保障模式，都不同程度地发挥着养老保障作用。在中国，家庭养老是中国农民的主要养老模式，尽管随着家庭规模的缩小、代际分离的加大，家庭养老保障功能逐渐弱化（李玲、郑功成，2005）①，但作为一种文化模式，它具有稳定性。统计数据也证明了这一点，从 20 世纪 50 年代到 80 年代，选择依靠家庭养老的农民所占比例一直稳定在 35% 左右。市场经济的深入发展，经济至上的价值观日益盛行，冲击了传统的"孝亲文化"传统，弱化了农民的家庭养老观念。因此，通过价值观教育、弘扬优秀传统文化，以及建设家庭美德，是促进农村家庭养老模式健康发展的重要举措。目前，正在全国开展的"家风行动"，可以说是促进家庭养老模式健康发展的"及时雨"。

第四，以人为本，顺乎民意，为农民诉求的实现提供制度和法律支持。西方发达国家的福利危机深刻地启示人们，解决人们面临的养老问题，不能完全依靠国家，而应该建立起"责任共担"的多层次养老保障体系。在构建多层次养老保障体系的过程中，不能仅仅把人作为保障的被动接受者，还应该理解人的积极性和能动性。党的十七大提出"以人为本"的科学发展观，而在农民养老问题上，"以人为本"的最大体现就是充分重视农民的微观诉求，在农民养老保障策略的安排上，就是尽量顺乎民意，尽量满足农民的民生诉求。统计结果显示，农民在养老问

---

① 李玲、郑功成：《养儿防老还是社会养老》，《书摘》2005 年第 5 期。

题上，不仅对子女抱有期望，而且也希望政府和法律能够为他们的养老提供支持。因此，解决农民的养老问题，除了要采取多种措施促进家庭养老的健康发展之外，政府还应该加快农村社会保障制度建设和法律体系建设。

第六章　农民养老风险、策略与期望的地区差异

在第五章，我们从经济依赖性角度，对农民养老脆弱性的原因及其影响因素进行了计量统计分析，发现了影响农民养老脆弱性有个体因素、家庭因素、社区因素、地区因素以及制度保障因素等。但是农民养老具有脆弱性特征或属性，并不意味着农民养老的即期风险，因此，在了解了农民养老脆弱性特征及其影响因素之后，仍应对农民现在或将来面临的养老风险及其形式进行具体分析，对农民愿意采取什么样的养老保障策略进行具体考察，并结合农民的养老期望，作出正确的适宜农民养老需求的政策选择，这是社会政策研究中的一种新视角——顾客导向需求视角，基于"顾客导向需求"视角的社会福利政策，才能有效避免养老资源供求的结构性矛盾，增强制度或政策的针对性、合意性和高效性，使有限的农民养老资源给广大农民带来最大的社会福利效应。因此，基于这样的研究目的，本书将在这一章对农民的养老风险、养老策略与养老期望及其地区差异进行描述性数据分析，以期为正确的制度抉择提供理论参考。

养老问题是人口老龄化带来的老龄问题中一个最突出和最基本的问题。从广义上来说，养老问题几乎涉及了老年人需求问题的全部，而狭义的养老指的则是经济保障、生活保障、医疗保障和精神保障[①]。"养老"本质上是指满足老年人的经济、生活照料、心理关怀、精神慰藉以及临终陪护等基本生活需求，这些基本需求得到满足或满足程度的不确定性，即为养老风险。养老保障模式对农民的养老问题具有重要的影响，当前，从养老保障模式上看，中国农村主要有家庭养老、老年人自己养老、社区养老

[①]　穆光宗：《独生子女非经济养老风险及其保障》，《浙江学刊》2007年第3期。

和社会养老等主要方式①。但随着经济转轨与社会的转型，农村家庭养老受到了前所未有的挑战，自我养老在人口老龄化和高龄化面前举步维艰，社区养老只是经济发达地区不具有普遍意义的试点经验，农村社会养老也因历史和制度方面的原因几乎停滞不前，而新型农村社会养老保险目前仍处在试点阶段。在这样的背景下，处于低积累低保障水平的农民，他们感知到养老风险存在了吗？他们存在什么样的风险呢？他们乐意接受什么样的保障策略呢？他们对政府以及社会的期望又是什么呢？对于这些问题的回答，有助于提升社会政策设计的针对性、合意性和实效性。

　　由于社会发展导致的广大农村地区农民的分化，农民的养老风险、养老策略和养老期望，必定存在很多方面的差异，比如被调查对象的个体特征差异（如性别、文化程度、婚姻状况等），家庭特征差异（如家庭收入、家庭存款、家庭整劳力等），社区特征差异（如职业类型、社区身份、农户类型等），本书为什么仅仅选择了农民养老风险、策略与期望的地区差异分析呢？一是因为我国经济发展水平表现出明显的不平衡特征，东部地区高，中西部地区低。经济基础决定上层建筑，经济发展水平的差异往往伴随着社会服务体系指标的类似性差异；二是因为地区特征变量是一个宽范畴的变量，往往具有良好的比较效果；三是，本书在第三章计量分析中发现，地区特征变量整体上对农民经济依赖性的各个方面都具有影响，而其他特征变量则不具有这些优势。因此，我们在分析了农民面临的养老风险、养老策略以及养老期望之后，具体对其地区差异进行详细分析，以期为地区性社会政策设计提供参考值。

第一节　农民的养老风险及其差异

一　农民养老风险的整体描述

　　养老风险是一个相对宽泛的概念，鉴于"风险"测量的复杂性，本书认为农民基于农村社会环境和自身条件，对自己老年基本生活所面临问题

---

　　① 丁士军、陈传波：《经济转型时期的中国农村老年人保障》，中国财政经济出版社 2005 年版，第 137 页。

的一种主观上的合理估计与担心程度，一定程度上则能较好地代表农民的养老风险及形式。根据这一思路，本书引入"您担心自己的养老问题吗？"和"最担心到老年会遇到什么方面的问题？"两个变量来考察农民面临的养老风险及形式。对于前一问题我们设计了包括"非常担心"、"比较担心"、"无所谓"、"不很担心"和"一点儿也不担心"五个选项，而对于后一问题，我们设计了包括"缺乏经济来源"、"生活无人照料"、"精神上会孤独空虚"、"生病得不到治疗"、"无人送老上山"和"其他"六个选择项。前一问题的设计可以说明农民是否担心养老问题以及程度，后一个问题的设计则可以说明农民面临的主要风险及形式。

表 6-1　　　　　　　　农民对养老问题的担心与最担心方面　　　　（单位:%）

		您担心自己的养老问题吗?					合计
		非常担心	比较担心	无所谓	不很担心	一点儿也不担心	
最担心到老年会遇到什么方面的问题?	缺乏经济来源	22.6	35.4	15.5	22.6	3.9	100.0
		59.3	44.3	30.9	30.4	15.6	37.4
	生活无人照料	12.9	37.3	23.3	20.1	6.5	100.0
		24.8	34.1	34.0	19.8	18.8	27.4
	精神上会孤独空虚	2.0	13.2	18.6	42.6	23.5	100.0
		2.8	8.9	19.9	30.7	50.0	20.0
	生病得不到治疗	17.8	32.7	16.8	28.0	4.7	100.0
		13.1	11.5	9.4	10.6	5.2	10.5
	无人送老上山	0.0	20.0	20.0	40.0	20.0	100.0
		0.0	0.3	0.5	0.7	1.0	0.5
	其他	0.0	6.8	22.7	50.0	20.5	100.0
		0.0	1.0	5.2	7.8	9.4	4.3
总计（N=1020）		14.2	29.9	18.7	27.7	9.4	100.0
		100.0	100.0	100.0	100.0	100.0	100.0

注释：Contingency Coefficient = 0.397，Approx. Sig. = 0.000。

从农民对养老问题的担心与最担心方面的交互分类表（表 6-1）中，

可以清晰地看出，对"您担心自己的养老问题吗？"这一问题的回答中认为非常担心和比较担心的比例接近 44.1%（14.2%+29.9%），而认为不很担心和一点也不担心的比例有 37.1%，另有 18.7% 的人认为无所谓。这说明，随着农村地区家庭结构与人口结构的变革，以及大批青壮年农民流入城市，近一半的农民切身感受到了养老风险的客观存在。但是，仍有超过三分之一的农民表示不担心或不很担心养老问题。可能的解释有，一是这部分农民可能是来自于发达地区或不发达地区的富裕农民，由于经济条件确实比较好，能够比较充分地满足养老需求，尤其是经济需求，因此不觉得养老存在风险；二是部分农民固守着"养儿防老"的传统养老观念，养老期望比较低和风险意识较差等，这也可能导致农民对这一问题的否定回答。也可更进一步的解释为：农民一直依赖着自我保障和家庭保障，他们从来都不对国家提供养老保障抱有期望，即使遭遇养老危机也只能是从自己和家庭方面寻求归因和出路①。但不太担心或不担心自己的养老问题并不等于他们将要面临的养老风险就不存在，尽管我们不能肯定农民的认识能力有限或者说农民是不理性的，但一些传统观念、习惯做法及其对养老保障途径上的影响，在一定程度上必然会影响到他们对自己养老风险的识别。

从农民对"最担心到老年会遇到什么方面的问题？"的回答中，担心缺乏经济来源、生活无人照料和精神上会孤独空虚的比例分别达到了 37.4%、27.4% 和 20.0%，担心生病得不到治疗和无人送老上山（养老送终的含蓄说法）的比例为 10.5% 和 0.5%。担心生病得不到治疗从根本上说还是经济保障问题，无人送老上山则较多属于精神养老的范畴。从上述统计分析中可以清晰地看出，农民主要面临三大类养老风险，即经济保障风险、生活照料风险和精神慰藉风险，三者合计占到了将近 96%，而其中的首要风险则是经济保障风险（47.9%）。说明经济来源仍然是广大农民面临的最大养老难题，它将直接威胁着农民老年时的生存与基本生活安全。但是，随着大批农村青壮年劳动力流入城市甚至全家搬迁，空巢问题将日益突出，农村老年人的生活照料风险和精神赡养需求必将逐渐增加。

①　乐章：《风险与保障：基于农村养老问题的一个实证分析》，《农业经济问题》2005 年第 9 期。

二　农民养老风险的地区差异

由于我国农村经济地区发展不平衡，不同地区农民的经济收入水平、社会服务体系以及养老观念存在明显差异，例如2007年，东、中、西部地区农民的人均纯收入分别为5504.9元、3896.9元和2908.8元①。虽然中、西部地区与东部地区农民收入差距略有缩小，但西部地区与中部地区农民收入差距仍在继续扩大，而且这种差距在短期内不会有大的改变。多方面因素的差异性，决定了农民对养老风险的敏感性会有很大不同，因此，本书大胆提出推论：不同地区农民面临的养老风险及形式应该存在显著性差异。

从表6-2农民的养老风险与地区分布交互分析可以看出，农民的养老风险存在显著性（Contingency Coefficient = 0.195，Approx. Sig. = 0.000）的地区差异。从具体分布来看，中、西部地区农民对养老问题表示比较担心和非常担心的比例占绝对多数，其比例分别是50.4%和48.3%。东部地区表示非常担心和比较担心的比例却没有不太担心和完全不担心的比例多，不担心或不很担心的比例占绝对多数，这与东部地区经济发展水平最高和社会服务体系覆盖最多有关，这也符合人们的正常预期。中部地区的经济发展水平比西部地区高，社会服务体系也比西部地区健全，为什么中部地区农民的风险感知或养老担心度会比西部地区高呢？这与一般的常识是有偏差的。一种可能的解释是西部地区正是由于当地的经济发展水平比较低，受市场化因素影响较小，农民的生活水平也比较低，农民对养老的期望比较低，处于西部地区的农民只求温饱，这种较低的预期影响了农民对养老风险的感知，因而有相当多的农民不觉得自己的养老存在风险或较大风险。相对于西部和东部地区来说，中部地区的经济发展和社会发展指标都处于前两者之间，但是由于中部地区受市场化因素影响较大，而经济和社会服务体系则相对落后，农民的养老风险感知最强，无论是表5-2中的数据，还是图6-1的直方图，都说明了这一问题。

---

① 中国社会科学院农村发展研究所：《中国农村经济形势分析与预测——2007—2008》，社会科学文献出版社2008年版，第105—108页。

表 6-2　　　　　　　　　　农民的养老风险与地区分布交互分类表

地区 担心度		您担心自己的养老问题吗？					总数
		非常担心	比较担心	无所谓	不很 担心	一点儿也 不担心	
所在 地区	西部地区	53	91	67	63	24	298
	中部地区	58	148	62	104	37	409
	东部地区	34	67	62	116	35	314
	总数	145	306	191	283	96	1021

注释：Contingency Coefficient＝0.195，Approx. Sig.＝0.000

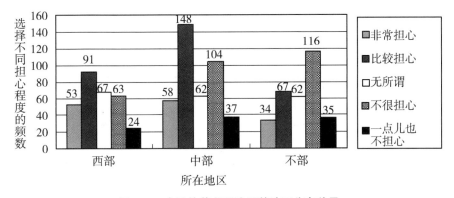

图 6-1　农民的养老风险及其地区分布差异

如果从五个层次的担心程度来看，图 6-1 显示：农民对养老风险感知最强的地区是中部地区，其次是西部地区，再次才是东部地区，这可以从非常担心和比较担心的直方图中清晰地看出。不很担心的比例（从低到高），依次是西部地区、中部地区和东部地区，这正好和东、中、西部地区的经济社会发展指标的高低相吻合。没有意识到养老风险（包括无所谓、不很担心和一点儿也不担心）的比例，中、西部地区差距非常小，而东部地区这个比例非常大（表示非常担心和比较担心的比例只占 33.9%），也即是东部地区的农民普遍觉得不存在较大或很大的养老风险。表示无所谓或不知道的比例，东、中、西部地区之间的差距都非常小，东部地区比例稍高。

由于东、中、西部地区的差异性，农民面临的养老风险形式也存在显著性（Contingency Coefficient = 0. 190，Approx. Sig. = 0. 000）的地区差异，从表 6-3 的交互分析中，我们可以清晰地发现，无论是东部地区，还是广大的中西部地区，农民面临的主要风险形式依次是：缺乏经济来源、生活无人照料和精神上会孤独空虚等。这一数据印证了农民养老的主要内容，即经济保障、生活照料和精神慰藉三个方面，其中经济保障居于核心地位。

表 6-3　　　　　　　农民的养老风险形式与地区分布交互分析表

风险形式 / 地区		最担心到老年会遇到什么方面的问题？						总数
		缺乏经济来源	生活无人照料	精神上会孤独空虚	生病得不到治疗	无人送老上山	其他	
所在地区	西部地区	124	72	54	40	1	10	298
	中部地区	158	111	69	54	1	27	420
	东部地区	102	97	84	17	3	7	313
	总数	384	280	207	111	5	44	1031

注释：Contingency Coefficient = 0. 190，Approx. Sig. = 0. 000.

从不同风险形式在地区之间的差异来看，西部地区农民面临经济保障风险的比例最高（41. 6% = 124/298），中部地区的次之（37. 6% = 158/420），东部地区最低（32. 6% = 102/313）；农民的生活照料风险，东部地区最高（31. 66% = 97/313），中部地区次之（26. 4% = 111/420），西部地区最低（24. 2% = 72/298）；农民精神上孤独寂寞的风险，东部地区最高（26. 8% = 84/313），西部地区次之（18. 1% = 54/298），中部地区最低（16. 4% = 69/420）。

农民的精神慰藉风险在东、中、西部地区分布差异性的可能解释是：一是随着计划生育政策的推行，人们的"多子多福"的观念出现了变化，子女数在减少，特别是在东部发达地区的农村；二是随着农村剩余劳动力的转移，以及外出务工人员的增多，农村地区的代际分离加大，青壮年农民的城市迁居趋势增强，这些因素的存在减少了农民依靠传统养老模式的可能性和可及性；三是人口老龄化的快速到来，相对于中西部地区，东部地区面临着更早的"少子老龄化"① 问题；四是东、中、西部地区社会服务体系等发展的相对落后及其地区差异性，导致了不同地区农民的精神慰藉风险的相异现象。这同时也说明了在社会转型和体制转轨时期，相对于中部地区而言，西部地区农村老人面临着更严重的孤独、寂寞和凄凉的晚年生活，社会各界和政府对此应高度重视。

图 6-2 不仅再次验证了上述对农民养老风险形式地区差异解释的合理性，还进一步说明了养老风险形式的其他几个方面的差异性。从图 6-2 中可以看出，西部地区农民面临生病得不到治疗的风险最高，所占比例为 13.4%，中部地区次之，所占比例为 12.9%，东部地区最低，所占比例为 5.4%，这与不同地区农民的经济条件和医疗服务体系的可及性有关；无人送老上山问题在所有风险形式中占比例最低，这个问题说明了农民需求的即期性，相当一部分农民认为，在有生之年都不能过得幸福或者丰衣足食，谁还想将来死的时候的问题，这从农村调查和访谈中可以体会到。图 6-2 中还显示了农民面临着一些其他问题，但由于具体问题很多调查人员没有详细记录，因此这里也无法给予深入的分析，有待以后进一步研究。

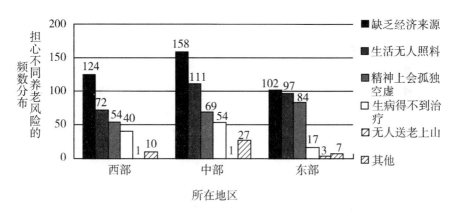

图 6-2　农民的养老风险形式及其地区分布差异

① 于长永、乐章：《城市独生子女家庭的养老风险及其规避》，《社会科学管理与评论》2009 年第 2 期。

第二节　农民的养老策略及其差异

一　农民养老策略的整体描述

在广大农村地区，依靠家庭养老从来都是农民处理养老风险的主要策略。随着生育成本的增加，家庭结构和人口结构的变化，以及农民价值观念的转变，农民应对养老风险的策略会有哪些变化？他们获取养老支持的最主要途径又是什么？本部分引入"保障老来生活最重要策略"和"获得养老支持的最主要途径"两个变量来对上述问题加以分析。

表6-4的数据说明，在保障老来生活最主要的七个策略选择中，排在前三位的分别是多储存点钱或财产（41.0%）、多在子女教育上投资（18.8%）和参加社会养老保险（15.2%），只有11.7%的农民选择要生儿子。这一问题的回答，在一定程度上说明，随着农村子女养育成本的增加以及青年子女的城市迁居趋向，在意识到"养儿"不一定能够"防老"甚至是"负担"时，农民的生育观念和养老观念已经发生了变化①。

在应对养老风险时，分别只有6.5%和0.3%的农民认为最重要途径是保持劳动能力种地和购买商业保险，还有6.5%的农民选择"没办法老了再说"。希望购买商业保险解决养老风险的比例如此之低，验证了郑功成（2008）教授的观点，商业保险在相当长时期内都难以成为农村居民可靠的养老保障机制②。从相关系数和显著性水平可以看出，农民保障老年生活的最主要途径与获得养老支持的最主要途径具有显著的相关性。

---

①　虽然被调查的对象很可能已经过了生育期（平均年龄44.8岁），不再考虑生男孩来解决养老的问题，但是在广大的农村地区，父辈的生育观念，往往对子辈的生育行为产生重大影响，因此，这一数据能够比较真实地反映农村当前的生育观念的变化问题。

②　郑功成：《中国农村社会养老保障政策研究》，《人口与计划生育》2008年第3期。

表 6-4　　　　　　　　农民的养老支持与最主要养老策略　　　　　单位:%

策略	途径	获得养老支持的最主要途径						合计
		子女	亲戚	社区	养老保险	政府	只能靠自己	
保障老来生活最重要策略	要生儿子	93.8	0.0	0.0	0.9	2.7	2.7	100.0
		14.2	0.0	0.0	1.2	15.8	2.9	11.7
	多在子女教育上投资	90.1	1.1	1.1	2.2	0.5	4.9	100.0
		21.9	66.7	22.2	4.9	5.3	8.6	18.8
	保持劳动能力种地	66.7	0.0	3.2	0.0	3.2	27.0	100.0
		5.6	0.0	22.2	0.0	10.5	16.2	6.5
	多储存点钱或财产	79.3	0.3	0.8	4.3	1.0	14.4	100.0
		41.9	33.3	33.3	20.7	21.1	54.3	41.0
	买商业保险	33.3	0.0	0.0	33.3	33.3	0.0	100.0
		0.1	0.0	0.0	1.2	5.3	0.0	0.3
	参加社会养老保险	49.7	0.0	0.7	40.1	3.4	6.1	100.0
		9.7	0.0	11.1	72.0	26.3	8.6	15.2
	没办法老了再说	77.8	0.0	1.6	0.0	4.8	15.9	100.0
		6.5	0.0	11.1	0.0	15.8	9.5	6.5
总计 (N=967)		77.5	0.3	0.9	8.5	2.0	10.9	100.0
		100.0	100.0	100.0	100.0	100.0	100.0	100.0

注释: Contingency Coefficient = 0.490, Approx. Sig. = 0.000.

　　农民的养老支持包括正式支持和非正式支持。正式支持是指国家直接干预并有制度和法律维系的规范性的养老支持;非正式支持是指通过道德或血缘关系维系的没有国家干预的非规范性养老支持①。前者包括从养老

---

① 姚远:《非正式支持:应对北京市老龄问题的重要方式》,《北京社会科学》2003 年第 4 期。

保险机构、政府救助等其他途径获得的支持，后者则有从子女、亲戚、社区（邻居、村组和乡镇企业等）以及靠自己等获得的支持，二者的关系是互补而不是替代。

从农民的选择中（表6-4），可以看出，农民的非正式支持占主导地位，比例接近90%，而正式支持只占10.5%。这与全国政协委员杨魁孚先生指出的"全国90%以上的农民无法通过社会保障渠道获得基本生活保障"的观点相吻合①。在非正式支持中，主要依靠的是子女（77.5%）和自己（10.9%），依靠亲戚（0.3%）和依靠社区（0.9%）的比例都非常低，但选择依靠社区（邻居）的比例大于依靠亲戚的比例，这说明在农村地区业缘和地缘关系在农民养老中在某些方面发挥着比亲戚更重要的作用，特别是日常帮助和聊天、打牌等精神需求的满足。

但是，随着农村市场化改革和农民观念的变化，业缘和地缘关系对农民养老会发生怎样的变化，值得进一步研究。依靠正式支持的比例虽然很低，但表示可以主要依靠养老保险也达到了一定的比例（8.5%），只有2.0%的农民选择政府（救助）。由此可以看出，在中国广大农村地区，农民养老问题的解决更多地把希望寄托于家庭和自己等非正式支持上，而正式支持的不稳定和低水平仍然使农民不敢对其抱有太多的期望。

二　农民养老策略的地区差异

从养老内容上来说，农民养老涵盖了经济需求、生活照料需求、医疗护理需求、精神慰藉需求、心理关怀以及临终陪护等多方面的内容，归纳起来也即是包括经济保障、服务保障和精神赡养三个主要方面，这些需要的满足或实现也即是达到保障老年生活的目标。因此，本书设计了"到老年时保证您老年生活最主要的策略"这样一个变量，来反映农民的养老策略选择，并通过SPSS16.0对数据进行交叉表分析，以期发现农民养老策略的地区差异性，分析结果表6-5。

---

① 李晨：《农民养老：一个迫在眉睫的问题》，《科学时报》2007年3月7日。

表 6-5　　　　　　　　　　农民的养老策略与地区分布交互分析表

地区	策略	到老年时保证您老年生活最主要的策略							合计
		要生儿子	子女教育投资	保持健康种地	储蓄或财产	购买商业保险	参加社会养老保险	没办法老了再说	
所在地区	西部	29	58	17	117	3	49	25	298
	中部	45	87	28	174	14	47	24	419
	东部	40	44	24	123	1	60	22	314
	合计	114	189	69	414	18	156	71	1031

注释：Contingency Coefficient = 0.162，Approx. Sig. = 0.006.

从表 6-5 的统计数据和图 6-3 所显示的养老策略选择的地区分布情况，我们可以清晰地看出，排在前三位的养老策略依次是：多储存点钱或财产、多在子女教育上投资和参加社会养老保险，选择要生儿子来解决老年生活的比例排在了第四位，这一统计结果，反映了随着农村经济发展和农村社会环境的变迁，导致了农民养老观念、生育观念和养老方式发生了变化。从相关系数（Contingency Coefficient = 0.162）和显著性水平（Approx. Sig. = 0.006）来看，统计结果具有显著性地区差异性。

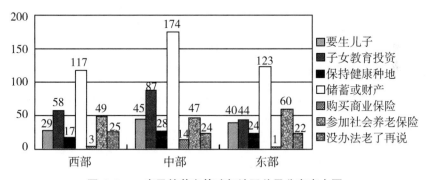

图 6-3　　农民的养老策略与地区差异分布直方图

从地区差异来看，西部地区选择依靠第一种策略的占比达到了39.3%，中部地区占比为41.5%，东部地区占比为39.2%，东、中、西部地区差距很小，尤其是中西部地区只差0.1%；对于第二种策略的选择比例，中部地区最高为（20.0%），西部地区次之（19.5%），东部地区最低

（14.0%），中西部地区差距较小，东西部地区差距较大；对于第三种策略的选择来看，东部地区最高（19.1%），西部地区次之（16.4%），中部地区最低（11.2%）；对于第四种策略的选择，东部地区最高（12.7%），中部地区次之（10.7%），西部地区最低（9.7%）。为什么会出现这样的统计结果？怎么解释这种统计结果呢？

本书认为，这是一种多种因素综合影响的结果。对于第一种养老策略选择的差异性来看，东、中、西部地区之间并没有很大的差异，而且比例都在40%左右，这说明，随着人口老龄化的到来，农民逐渐认识到"养儿防老"等传统养老模式的局限性，已开始准备或计划为自己将来的养老早做积累，但这种策略安排能否实现，取决于农民的实际收入情况。

从第二种策略选择的差异来看，中西部地区差异不大，都希望自己的子女能够有文化，通过"独木桥"，将来考上大学，能够"光宗耀祖"和吃上"商品粮"，而东部地区对此的选择则明显较低，这主要是由于，东部地区相对比较发达，农村劳动力就业渠道和机会较多，比较容易就业并获得较高的收入，即使不上学也能够获得充分就业，因此对于子女教育投资并没有给予太多的期望，但这并不是说东部地区农民不注重子女的教育投资；而中部地区相对于东部地区而言，就业渠道和机会则相对较少，农民受传统教育观念、成才观念的影响和基于人力资本投资的高回报率考虑，而更倾向于从子女的教育投资中获得老年生活的保障需求，特别是对"成就安心"①的非经济养老保障，但是由于西部地区农村经济发展水平非常低，教育条件非常差，一方面，收入有限，难以应付高昂的教育成本支出；另一方面，投资往往成为"沉淀成本"②而难以收回，因此对教育投资更加谨慎。

从参与社会养老保险的差异性来看，西部地区之所以出现更高的积极性和倾向性，这可能是与我国新型农村社会养老保险制度设计有

---

① 穆光宗：《老龄人口的精神赡养问题》，《中国人民大学学报》2004年第4期。

② 杨在军：《脆弱性贫困、沉淀成本、投资与收益主体分离——农民家庭"因学致贫"现象的理论阐释及对策》，《调研世界》2009年第6期。

关系，2009 年试点的新农保规定，农民参加养老保险需要交纳一定的保险费，广大中西部地区享受更多的财政支持，甚至不用交费即可享受社会养老保险，因此出现了上述的统计结果。图 6-3 还说明了其他一些问题，如依靠保持能力种地、购买商业保险等也存在明显的地区差异性。

第三节　农民老年生活的经济需求标准和期望

一　农民老年生活经济需求与期望的整体描述

养老是一个多维度的问题，但在社会经济发展相对落后的条件下，养老几乎就是物质赡养，包括对老人金钱与实物的付出，而精神赡养很大程度上不过是物质赡养、生理满足的副产物[1]。经济保障在养老保障中的核心地位，决定了适度水平的保障制度关系到社会政策的实践价值和可持续性。传统养老保障制度发展滞后的原因有很多，但经济保障水平过低是一个重要因素，很多地方由于农民选择缴费的标准大多在 2—4 元档次，在退休后每月领取的养老金一般在 10 元左右[2]，这样的保障水平是很难激励农民的参与积极性，也很难起到有力的保障作用。

因此，了解农民养老的经济需求水平与其期望，有助于我们制定合理的农村社会保障水平和适宜的农村社会保障制度，以确保有限的社会资源带来最大的社会福利。农民养老的经济需求也会随着养老支出项目的数量增多与价值的提高而相应变化。为有效反映农民养老经济需求，本书设计了这样一个问题"您觉得到您老的时候，个人基本生活一个月至少需要多少钱（不考虑物价变动）？"根据农民的回答，我们以 300 元为组距划分成六组，并以此与农民最主要的养老期望进行交互分析，见表 6-6。

---

① 熊汉富：《独生子女家庭老人精神赡养问题与对策》，《郑州航空工业管理学院学报》2008 年第 6 期。

② 邓志旺、励丹霞：《浅议当前农村养老保障体系中的缺陷和问题》，《人口学刊》2000 年第 5 期。

表 6-6 农民的养老经济需求水平与养老期望交互分析表

期望 \ 经济需求		老年生活保障每月最低经济需求						合计
		300 元及以下	301—600 元	601—900 元	901—1200 元	1201—1500 元	1500 元以上	
下一代能够完全赡养你们[1]	很大期望	82	163	26	11	0	4	286
	较大期望	225	173	40	19	1	8	466
	较小期望	67	79	20	20	1	2	189
	不抱期望	23	18	15	12	2	4	74
	说不清	3	3	0	0	0	0	6
	合计	400	436	101	62	4	18	1021
政府尽力解决您老年保障[2]	很大期望	63	35	4	4	0	1	107
	较大期望	93	117	32	19	1	9	271
	较小期望	121	139	35	18	1	3	317
	不抱期望	96	101	25	20	1	3	246
	说不清	24	43	5	1	1	1	75
	合计	397	435	101	62	4	17	1016
老年人权益得到法律保障[3]	很大期望	62	52	7	8	0	2	131
	较大期望	106	132	38	23	1	10	310
	较小期望	113	145	29	20	2	2	311
	不抱期望	90	71	22	11	1	3	198
	说不清	26	34	5	0	0	1	66
	合计	397	434	101	62	4	18	1016

注释：1. Contingency Coefficient = 0.292, Approx. Sig. = 0.000；2. Contingency Coefficient = 0.195, Approx. Sig. = 0.005；3. Contingency Coefficient = 0.168, Approx. Sig. = 0.081.

从表 6-6 中的数据统计结果来看，可以很清晰地说明，农民老年生活保障的每月最低经济需求是比较低的，绝大部分需求标准都在 600 元以下，这一群体的比例平均占比在 80% 以上 {81.9% = [（400+436）+（397+435）+（397+434）] ／（1021+1016+1016）}。选择标准在 1200—1500 元这一档次中的人数最少，所占比例在 1% 以下。选择 1500 元以上档次的比例总体上仍然比较少，但选择这一档次的人数却比选择 1200—1500 元档次的人稍多，所占比例略高。

随着老年生活每月经济需求水平的提高，选择的人数整体上表现出持续的减少。如果说，收入水平决定消费需求，则可以推测，在广大的农村地区，农民的收入仍然比较低，未来的生活经济要求也相应较低，但是应该看到在六个档次中，选择 300—600 元这一档次的人数最多，这也说明了农民生活成本在市场化等因素的影响下有了明显的提高①。选择 600—900 元和 900—1200 元的人数也占有一定的比例。这一统计结果提示人们，农民的生活成本在增加，制定针对农民老年生活的社会保障制度水平，应该充分了解农民的实际生活标准。这样才能有效避免因制度设计标准过低而起不到激励效应，也能避免因标准过高而超过了农村地区的经济发展水平，造成总量不足而又存在结构性矛盾并存的局面，影响制度的可持续性和实践效果。

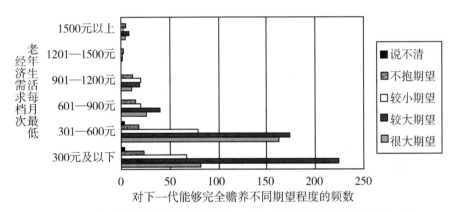

图 6-4　老年生活每月最低经济需求与对下一代能够完全赡养期待分布图

从农民养老的期望来说，问卷主要统计了农民对保障老年生活的"对下一代的期望"、"对政府的期望"和"对法律保障的期望"三个主要方

①　关于农民生活成本的提高，笔者在调查和农村生活的体验中感受很深。2000 年以前，笔者所在的农村，大部分农民吃、穿、用（家用电器、通信工具、交通工具等）等方面都是比较"传统"的，而在市场化因素作用下，农民吃的馒头不再是自己蒸出来的，而是买的。衣服、鞋子（特别是小孩的鞋子）已经不再是做的，而是买的。家用电器、通信工具、交通工具等也都被现代化了，甚至一部分农村地区已经用上了自来水、天然气等，这些现代生活条件的改善，大大提高了农民生活的成本。

面。这一组期望，能体现农民社会保障权利意识的觉醒和对制度公平回归的期待。从养老期望的三个方面来看，农民抱有很大希望和较大期望的比例表现出了较大的不同，在农民对"对下一代的期望"的选择中，抱有很大期望和较大期望的比例占有绝对的多数，而在农民对"对政府的期望"的选择中，抱有很大期望和较大期望的比例并不占绝对多数，而是选择抱有较小期望和不抱期望的比例占据了绝对多数，农民对"对法律的期望"的选择的比例类似于第二种期望的选择比例。

这种统计结果说明什么问题？本书认为是否可以给予这样的解释：在广大的农村地区，农民"养儿防老"的传统观念仍然具有很深的影响，即使现实的环境已经发生了变化，但这种观念和思想的转变是滞后于农村养老环境的变化的，农民至少从心理上仍然对子女赡养他们的老年生活给予很高的期望，不指望子女养老的仍然不占主要地位，这也与当前我国广大的农村地区"靠家庭养老为主"①的现状相符。对于农民对老年权益得到法律保障的期望的统计结果来说，由于农村计划生育导致的子女数量的减少，家庭成员社会流动的增加和道德观念、价值观念的变化，儿女赡养老人的功能正在弱化，农村老年人的赡养问题正日益严重②。再加上人口老龄化的快速袭来，经济发展水平比较低的农业、收入和积累水平比较低的农民以及市场化导致的老年生活成本的增加，依靠传统的养老方式，已经很难应对现实或未来的养老风险，农民感知到了这一点，希望养老资源的提供者从家庭扩展到国家和社会，因此，对政府能够保障他们的老年生活给予了较高的期望。

就目前来说，农村地区的养老是一种主要"发生在家庭内部的代际交换"③行为。农村家庭的代际关系是一种通过多种不同形式维持着物质、精神和生活上的互惠互利的亲子关系④。当"互惠互利"不能为继的时候，

---

① 潘允康：《社会变迁中的家庭——家庭社会学》，天津社会科学出版社 2002 年版，第 322 页。

② 贺赛平：《社会网络与生存状态——农村老年人社会支持网研究》，中国社会科学出版社 2004 年版，第 128 页。

③ 于学军：《中国人口老龄化与代际交换》，《人口学刊》1995 年第 6 期。

④ 中国代际关系研究课题组：《中国人的代际关系：今天的青年人和昨天的青年人——实证研究报告》，《人口研究》1999 年第 6 期。

家庭中的代际矛盾便表现出来了，而这种矛盾的典型表现形式就是农村老人的养老生活困境。老年人的赡养纠纷案目前正以每年 10% 的速度递增，在所有涉老民事案件中，赡养纠纷占到 13.5% 并高居榜首的报道验证了这一观点[1]。随着老年侵权行为事件的增多，在传统约束机制功能衰退的同时也伴随着农民的权利意识和法律意识的觉醒，因此，完善我国社会保障法制，赋予养老权益制度上的保证，就成为农民的即时之需。

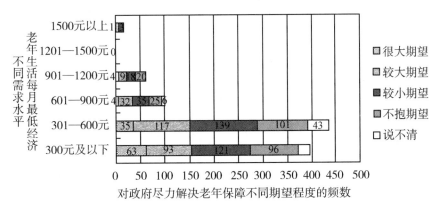

图 6-5 老年生活每月最低经济需求与对政府尽力解决老年保障期望分布图

从表 6-6 农民养老期望与老年生活每月最低经济需求交互分析的三个相关系数和三个显著性检验指标 P 值可以清晰地看出，二者具有显著的相关关系，即随着农民老年生活每月最低经济需求层次的逐步提高，农民的养老期望表现出了显著性差异，这可以从与二者的交互分析表相对应的三个二维图（图 6-4、图 6-5 和图 6-6）加以分析和说明。

从图 6-4 来看，在经济需求 900 元以下的几个档次中，农民对下一代能够完全赡养抱的期望非常高，每个需求档次中的农民，对下一代抱有较大期望的比例最多，抱有很大期望的次之，抱有较小期望的占比排在第三位，而且前三个档次表现出了相似的显著性特征，即每一档次中都是较大期望最多，很大期望次之，较小期望排第三位。

经济需求 900 元以上的三个档次中，农民对下一代能够完全赡养的期

---

① 转引自《人口研究》编辑部《21 世纪的中国老龄问题：我们该如何应对?》，《人口研究》2000 年第 9 期。

望程度出现了波动，在 901—1200 元的档次中，农民对下一代能够完全赡养抱有较小期望的比例最多，较大期望的次之，不抱期望的占第三位。在 1201—1500 元的档次中，农民对下一代能够完全赡养不抱期望的比例最多，其他次之，但由于分布在这一档次的调查样本非常少，并不能用这一统计结果来估计现实情况。在最高消费档次中，农民对下一代能够完全赡养的期望再一次回升，排在首位的是较大期望，其次是很大期望，第三是不抱期望。所有经济需求档次中，农民对期待下一代能够完全赡养说不清的情况都非常少，这说明农民对子女养老的期望是非常明确的。

从趋势上来看，随着农民老年生活每月最低经济需求水平的提高，对下一代的养老期望出现了逐渐下降趋势（个别档次有波动），这一结果说明，随着农民老年生活每月最低经济需求的增加，农民的收入水平是逐渐增加的，收入水平的逐渐增加，又暗含着农民就业能力、就业技巧和创造财富能力的显著性差异，意味着农民养老从"依赖养老"自然向"独立养老"[①] 观念和方式的转变，因此表现出了对下一代能够完全赡养的期望逐渐降低的趋势。

从图 6-5 来看，农民老年生活每月经济最低需求在 1200 以下的四个档次中，农民对政府能够尽力解决他们的养老问题抱有较小期望和不抱期望的比例占有绝对多数，而抱有较大期望和很大期望的比例相对前者来说较低，这可以从相同柱状图中不同颜色、不同长短的柱状图的合计柱长中看出。在 1201—1500 元这个档次中，由于落在这个区间的调查样本非常少，只有四个人，每个人分别选择了相同的较大期望、较小期望、不抱期望和说不清，因此在图形上也看不出差异。

在 1500 元以上的档次中，抱有较大期望和很大期望的比例明显多于不抱期望和较小期望的比例，也可以说抱有期望（包括较小期望）的比例明显多于不抱期望或说不清合计的比例。农民老年生活每月最低经济需求在 900 元以下的三个档次中，每档次中农民养老对政府抱有较小期望、较大期望和不抱期望的比例具有相似性，即都是每档次中占比最多的前三选

---

① 风笑天：《从"依赖养老"到"独立养老"——独生子女家庭养老观念的重要转变》，《河北学刊》2006 年第 3 期。

择，但抱有很大期望的比例，并不占每个档次中农民对政府解决他们老年保障问题期望程度的第四位。

从趋势上来看，随着农民老年生活每月最低经济需求标准的逐步提高，农民对政府尽力解决他们的老年保障问题的期望程度呈显著的下降趋势（最高经济需求档次除外），为什么出现这样的结果呢？本书认为，农民老年生活每月最低经济需求标准的提高是与农民的收入水平和其他相关因素有关的，从上面的分析中我们也已经发现，农民的家庭收入和家庭财产对农民选择依靠儿女赡养和政府救助具有显著的负影响，这一估计结果说明，随着农民收入水平的提高，农民更多的是倾向于"自立养老"的，因此，对政府尽力解决他们的老年保障问题的期望就相对较低。

1500元以上高消费档次中的农民，对政府尽力解决他们老年保障问题给予了较高期望，这可能是这一部分农民大多是农村地区的精英，他们比一般农民有着更强的就业、劳动和创造财富的能力，他们的权利意识比较明显，当老年生活陷入困境的时候，他们首先想到了政府对农民的责任，因此，在高消费水平档次中，农民对政府尽力解决他们的老年保障问题，给予了较高和很高的期望。

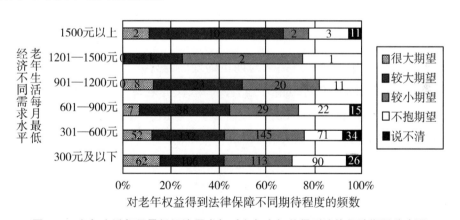

图6-6　老年生活每月最低经济需求与对老年人权益得到法律保障期望分布图

从图6-6来看，随着农民老年生活每月最低经济需求的增加，农民对老年权益得到法律保障的期望，呈现出显著性的波动性增加趋势，这一判断可以从图6-6农民选择很大期望、较大期望和较小期望三者的合计条形图和表6-6下面部分的统计数据中清晰地看出。从每一个经济需求档次中农民对老年权益得到法律保障抱有较大期望和很大期望的比例来看，农民的养老期望与经济需求水平表现出相反的趋势，即越是老年生活每月最低经济需求标准比较高的农民对老年人权益得到法律保障的期望越低，1201—1500元这个档次中的农民是个例外，在这个档次中的农民，抱有较小期望的比例占的最多，没有选择说不清的，不抱期望的比例在所有档次中这一选择是最高比例。

　　为什么农民老年时期的经济需求水平与对养老问题的法律期望呈现出显著性的相反趋势呢？本书认为，农民老年生活每月最低经济需求标准越低，说明这部分农民是农村地区最为脆弱的群体，在经济资源缺乏的同时，很可能伴随着多种资源的缺乏和法律意识的淡薄，同时，这部分群体也可能是受传统养老观念和父权社会影响最深的群体，一方面，他们老年保障的法律意识较低；另一方面，他们比较注重"情面"，即使他们的老年权益受到了子女等的侵害，他们抱有"家丑不可外扬"的心理而委曲求全，再加上过去农村地区广泛流传的"屈死不告状，饿死不出门"[1]等传统思想的影响等，导致农民对老年保障得到法律保障的期望较低。

二　农民老年生活经济需求与期望的地区差异

　　从表6-7和图6-7可以清晰地看出，农民养老每月最低经济需求存在显著性的（Approx. Sig. = 0.002）地区差异。从表5-9的统计数据很容易计算出，选择600元以下的两个档次消费标准的农民，东部地区占比为76.8%（76.7% = 241/314），中部地区占比为82.9%，西部地区占比为86.2%，这说明农民老年生活每月最低经济需求选择在600元以下档次的比例，从东向西表现出显著的增加趋势。选择老年生活每月最低经济需求在601—900元和901—1200元两个中间档次的农民比例中，西部地区占比为12.5%（12.5% = 37/297），中部地区占比为15.7%，东部地区占比为

---

① 李德民：《人民时评：有人为啥还是"屈死不告状"？》，人民网（http：//opinion. people. com. cn/GB/40604/4670528. html. 2006-08-05）。

19.4%，从西向东老年生活每月最低经济需求水平表现出明显的逐渐增加趋势，1200 元以上的两个高消费档次，表现出了和中间两个档次中同样的发展趋势。从消费需求与收入水平的关系来看，这与我国经济发展水平的东西部地区差距趋势相吻合。

表 6-7　　　　　　　农民老年生活每月最低经济需求与地区分布交互分析

经济需求 地区		老年生活保障每月最低经济需求						合计
		300 元 及以下	301— 600 元	601— 900 元	901— 1200 元	1201— 1500 元	1500 元 以上	
所在 地区	西部	135	121	22	15	0	4	297
	中部	148	197	46	19	0	6	416
	东部	120	121	33	28	4	8	314
	合计	403	439	101	62	4	18	1027

注释：Contingency Coefficient = 0.162，Approx. Sig. = 0.002

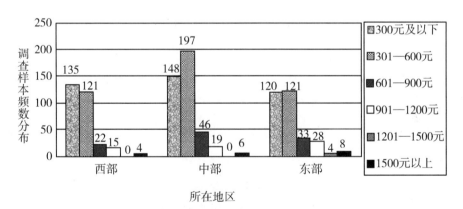

图 6-7　农民老年生活每月最低经济需求与地区差异分布

图 6-7 除了印证表 6-7 中所说明的上述几个观点之外，还可以从中清晰地发现各个地区农民每月最低经济需求的显著性内部差异。在西部地区，选择 300 元以下档次中的农民明显占绝对多数，而在中部地区，选择 301—600 元这一档次的农民占比最多，但在东部地区，选择 300 元以下和 301—600 元这两个档次的农民占比相同，且占地区总数中的比例

低于中西部地区。因此，从不同地区的内部差异同样说明了一个问题，那就是西部地区农民养老的经济需求水平低于中部地区，中部地区低于东部地区，再一次验证了我国经济发展水平的地区差异对农民养老经济需求的影响。

表 6-8　　　　　　　　农民的养老期望与地区分布交互分析结果

期望 地区		农民的养老期望														
		下一代能够完全赡养[1]					政府尽力解决老年保障问题[2]					老年权益得到法律保障[3]				
		很大期望	较大期望	较小期望	不抱期望	说不清	很大期望	较大期望	较小期望	不抱期望	说不清	很大期望	较大期望	较小期望	不抱期望	说不清
所在地区	西部	85	116	66	27	2	61	69	95	47	25	72	74	81	43	27
	中部	119	191	79	25	2	32	119	138	106	17	35	134	124	101	17
	东部	82	160	45	24	2	14	83	87	93	34	24	102	107	56	23
合计		286	467	190	76	6	107	271	320	246	76	131	310	312	200	67
合计		1025					1020					1020				

注释：1. Contingency Coefficient = 0. 111，Approx. Sig. = 0. 115；2. Contingency Coefficient = 0. 255，Approx. Sig. = 0. 000；3. Contingency Coefficient = 0. 246，Approx. Sig. = 0. 000.

表 6-8 清晰地说明，不同地区农民对"下一代能够完全赡养"、"政府尽力解决老年保障问题"和"老年权益得到法律保障"期望的差异性。从养老期望与地区分布交互分析的相关系数与显著性值可以看出，农民对下一代能够完全赡养的期望与地区分布没有显著性的相关关系，也即农民对子女养老的期望在地区之间并没有显著的差异，这与中国农民普遍抱有"养儿防老"的传统观念一致。图 6-8 说明了农民对下一代能够完全赡养的期望在地区之间以及地区内部的差异性。

表 6-8 的另外两个（见表 6-8 中的上标 2 和 3）相关系数和显著性值农民对"政府能够尽力解决老年保障问题"和"老年权益得到法律保障"的期望，都与地区之间存在较强的显著性相关。具体说明如下：

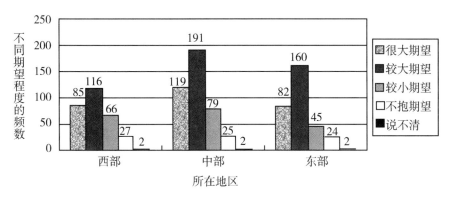

图6-8 农民对下一代能够完全赡养的期望与地区分布差异

第一，从图6-9中可以清晰地看出，农民对政府尽力解决老年保障问题的期望在地区内部存在明显的差异，在东部地区，农民不抱期望的比例最大，其次是较小期望和较大期望，抱有很大期望的比例最低；在中部地区，抱有较小期望的比例最高，其次是抱有较大期望和不抱期望，说不清的比例最低；在西部地区，仍然是抱有较小期望的比例最高，其次是较大期望和很大期望，不抱期望的比例相对较少。

第二，从抱有较大期望和很大期望的比例来看，西部地区占比为43.8% {43.8%＝（61＋69）／（61＋69＋95＋47＋25）}，中部地区占比为36.7%，东部地区占比为31.2%，这说明，越是靠近东部地区农民对政府尽力解决老年保障问题的期望就越低。抱有较小期望的比例，西部地区为32.0%，中部地区为33.5%，东部地区为28.0%。完全不抱期望的比例，西部地区为15.8%，中部地区为25.7%，东部地区为30.0%，从西向东表现出明显的逐渐升高的趋势。这与地区经济发展水平的差异性、农民养老观念的差异性和不同地区社会保障体系、社会服务体系的完善程度等有关，即越是东部地区或靠近东部地区，农民的经济条件就越好，农村的社会保障体系和社会服务体系等就越完善，农民自立养老的倾向就越强，对政府的依赖就较少。

农民对他们的老年权益得到法律保障的期望，在地区之间也存在显著性的地区差异，见图6-10。首先，从不同地区的内部差异来看，在西部地区，农民对老年权益得到法律保障抱有较小期望的比例最多，其次是较大

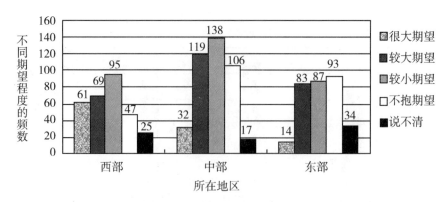

图 6-9　农民对政府尽力解决老年保障问题的期望与地区分布差异

期望和很大期望，不抱期望的比例相对较少；在中部地区，抱有较大期望的比例最高，其次是较小期望，不抱期望的比例相当多，抱有很大期望的比例相对较少；在东部地区抱有较小期望的比例最多，其次是较大期望，不抱期望的比例相对较多。

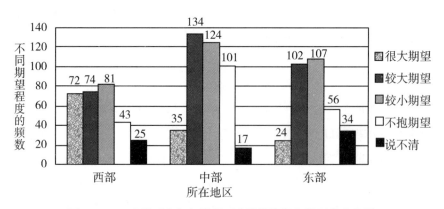

图 6-10　　农民对老年权益得到法律的期望与地区分布差异

从地区间的差异来看，对老年权益得到法律保障抱有较大期望和很大期望的比例，西部地区为 49.2%，中部地区为 41.1%，东部地区为 40.4%，呈现出明显的东、中、西逐步增加的趋势。抱有较小期望和不抱期望的比例，西部地区为 41.8%，中部地区为 54.6%，东部地区为 52.3%，中部地区略高，西部地区最低。东、中、西部地区各自还有一部分农民对此问题说不清。总体差异来看，中西部地区尤其是西部地区的农

民对老年权益得到法律保障给予很高的期望，而东部地区农民对此的期望
则相对较低。这与社会转型期，农村地区逐渐增多的赡养纠纷以及不同地
区赡养纠纷的差异有关。因此，国家在建立农村社会保障制度时，相关的
法律制度建设应该进行及时跟进。

第四节　本章小结与政策启示

随着工业化、城镇化、市场化的发展以及人口老龄化的加剧等影响，
不同地区的农民面临着不同程度、不同形式的养老风险。中西部地区比东
部地区面临着更大的养老风险，东部地区比中西部地区面临着更加突出的
非经济养老风险，而中西部尤其是西部地区面临的经济保障风险更为突
出。以儿女赡养为主的非正式支持依然是农民养老的主要来源，但"靠自
己的储蓄和家庭财产"来解决老年生活的经济需求是不同地区农民作出的
首要的相同策略安排，东部地区对参与社会养老保险意向最强，对生儿子
来解决老年保障问题的意愿也较其他地区强烈，中部地区更倾向于子女的
教育投资，西部地区表现出明显的多元选择策略，但靠生育儿子解决老年
生活保障问题的意愿最低。农民老年生活的最低经济需求水平依然比较
低，越是靠近西部地区，经济需求水平越低，相反则越高。农民的养老期
望表现出明显的地区差异性，但"对下一代完全赡养"的期望地区差异不
显著，这可能是由于不同地区对"靠子女养老"拥有共同的期望所致。西
部地区对"政府尽力解决老年保障问题"的期望最大，越是靠近东部地
区，农民的这一期望就越低。对"老年权益得到法律保障"的期望，西部
地区最高，东部地区最低。

根据以上的分析和研究结论，本书认为，不同地区在制定解决农民养
老问题的社会政策时应该充分考虑所在地区农民养老面临的主要风险、应
对策略以及养老期望的差异性。东部地区应该适度放开计划生育政策的限
制，同时应该加快建立多层次的社会保障体系和社会服务体系等，来解决
东部地区面临的日益突出的非经济养老风险。中西部地区应该在充分发挥
传统保障作用的同时，加快教育制度的改革与发展，促进大学生就业，提
高人力资本的回报率，激发农民对子女教育投资的积极性。西部地区农民

养老问题的解决，还应该充分发挥财政转移支付的第二次分配调节功能，使有限的财力向西部落后地区倾斜。国家在完善农村社会保障体系、计划生育政策以及国民教育体系的同时，应该做好配套制度的建立健全、社会服务体系的完善以及农村福利设施的建设等。

第七章 农民养老风险的影响因素：地区的角度

第一节 问题的提出与研究进展

随着中国人口老龄化向纵深发展，养老正从一个"隐性"问题，快速向"显性"风险转变，这源于三个方面：一是当前中国总体人口老龄化程度较低（魏华林、金坚强，2014[①]）[②]，但发展速度较快（于长永等，2017[③]）[④]；二是养老金累积结余较多，但养老金支出增长速度较快。2018年，中国职工基本养老基金结余5万亿元，但预计到2028年，当期结余将为负1181.3亿元，2035年累积结余全部耗尽[⑤]；三是中央减税降费（养老金收入减少）、延迟退休政策（弥补养老金缺口）以及媒体的广泛报道甚至误导。人们对"老无所养"的担心，正在从局部向全局蔓延，养老风险日益凸显。而且，中国是一个以农民（户籍角度）为主的发展中国家，农村老龄化程度更高、老年人数量更多、传统家庭保障

---

① 魏华林、金坚强：《养老大趋势：中国养老产业发展的未来》，中信出版社2014年版。

② 截至2018年底，中国65岁及以上老年人口占总人口中的比重为11.9%，远远低于发达国家2010年的人口老龄化水平，即日本22.7%、德国20.1%、意大利20.4%、希腊18.6%、瑞典18.2%和美国13.1%。

③ 于长永、代志明、马瑞丽：《现实与预期：农村家庭养老弱化的实证分析》，《中国农村观察》2017年第2期。

④ 65岁及以上人口占总人口中的比重从7%上升到14%，法国用时115年，瑞典用时85年，美国用时70年，加拿大用时66年，英国用时45年，而中国仅用15年。

⑤ 《我国养老金将在2035年耗尽 中国养老金精算报告深度解读》（http://www.zhicheng.com/n/20190412/260074.html）。

弱化明显（于长永，2018[①]），农民的养老风险更加突出。在这种背景下，研究农民养老风险的总体形势及其结构差异，对有效应对养老风险、全面建成小康社会意义重大。

长期以来，农民养老主要靠家庭。这既是法律规定，又具有现实客观性。家庭养老是指依靠家庭资源解决老年人的养老问题，但核心是子女养老（姜杰凡、孙嫒萌，2013[②]）。在中国农村，子女提供的养老支持，几乎是老年人社会支持的全部（SSI L.，1994）[③]。因此，从理论机制看，家庭养老资源的多寡，特别是家庭子女资源的多寡，将决定农民养老风险的概率（广度）和严重程度（深度）。中国是一个社会经济发展水平和发展环境极不均衡的国家，越是靠近西部地区，越是少数民族集聚地区，社会经济发展水平越低，发展环境越差，农民的养老资源越少，养老风险可能越大。但是，根据倾斜性的生育政策，少数民族农民允许生育相对更多的子女，为农民养老提供核心资源，农民的养老风险可能更低。这似乎形成了一种"悖论"。那么，民族地区农民的养老风险总体情况是什么？存在民族差异吗？等等，都是值得探讨的重要议题。

关于农民养老问题的学术研究，始于20世纪80年代中期（于长永，2015）[④]。当时关注的重点问题有两个：一是计划生育政策可能导致的农民养老困境；二是养老方式如何影响农民的生育行为（刘俊喆，1983）[⑤]。但那时的研究，更多的是一种理论上的探讨，而且尚未上升到养老风险层面。进入21世纪，随着人口老龄化的快速发展、总和生育率的长期低位徘徊以及代际距离的逐渐拉大，传统家庭养老保障出现了明显的弱化趋势

[①] 于长永：《他们在担心什么？——脆弱性视角下农村老年人的养老风险与养老期望探究》，《华中科技大学学报》（社会科学版）2018年第1期。

[②] 姜杰凡、孙嫒萌：《提高农民养老保障水平的新途径及法律实现》，《华中农业大学学报》（社会科学版）2013年第4期。

[③] SSI L. Elderly support in rural and suburban villages: implications for future support system in hina [J]. Social Science and Medicine, 1994 (2): 265-277.

[④] 于长永：《农民养老风险、策略与期望的代际差异》，《农业经济问题》2015年第3期。

[⑤] 刘俊喆：《初探农民养老形式对生育的影响》，《社会》1983年第6期。

（于长永等，2017）①。人们对老无所养的担心日益加重，养老风险逐渐成为学术研究的热点话题。有代表性的研究包括：邓大松、王增文（2008）界定了养老风险的内涵，从理论上分析了中国养老风险的特点、诱致因素和对策②；乐章（2005）③、于长久（2011）④、于长永（2015）⑤利用全国1000户农民的调查数据，分析了农民养老风险的总体情况和结构性差异；刘冰等（2012）⑥、宋健（2013）分析了计划生育政策对农村独生子女家庭养老风险的影响⑦；钟涨宝等（2016）分析了养老保障能力对农民养老风险的影响等⑧。

　　综合来看，已有关于农民养老风险的研究，为本书提供了重要基础，但也存在三点不足：一是已有研究主要关注中东部地区农民的养老风险问题，对西部地区农民养老风险的关注不够，西部地区不仅是精准扶贫的重点地区，也是农民养老风险的高发地区，在全面建成小康社会背景下，西部地区农民的养老风险更值得关注；二是已有研究鲜有合理的分析框架，未能从养老资源的角度系统分析农民的养老风险及其结构差异；三是已有研究中理论探讨较多，实证分析较少。鉴于上述研究缺陷，本书将利用来自 XJ 省 13 个地州市的农民调查数据，把农民养老风险纳入可持续生计分析框架，从养老资源角度，实证分析农民的养老风险及其结构差异，以期弥补现有研究的不足，并为农民养老政策的制定提供经验证据。

---

　　①　于长永、代志明、马瑞丽：《现实与预期：农村家庭养老弱化的实证分析》，《中国农村观察》2017 年第 2 期。

　　②　邓大松、王增文：《我国的养老风险及其规避问题探究——基于风险理论的视角》，《河南社会科学》2008 年第 5 期。

　　③　乐章：《风险与保障：基于农村养老问题的一个实证分析》，《农业经济问题》2005 年第 9 期。

　　④　于长久：《人口老龄化背景下农民的养老风险及制度需求——基于全国十个省份千户农民的调查数据》，《农业经济问题》2011 年第 10 期。

　　⑤　于长永：《农民养老风险、策略与期望的代际差异》，《农业经济问题》2015 年第 3 期。

　　⑥　刘冰、赵子乐：《农村社会养老风险与"新农保"防控能力研究》，《农村经济》2012 年第 12 期。

　　⑦　宋健：《"四二一"结构家庭的养老能力与养老风险》，《中国人民大学学报》2013 年第 5 期。

　　⑧　钟涨宝、李飞、冯华超：《养老保障能力评估对农民养老风险感知的影响及其代际差异——基于 5 省 1573 个样本的实证分析》，《人口与经济》2016 年第 6 期。

第二节　概念测量、理论框架与研究假设

一　概念测量

随着风险社会理论（Ulrich Beck，1992）[1]、人口老龄化及其影响的深化，养老风险逐渐成为当今社会关注和学术界讨论的热点问题。延迟退休、长期护理保险等政策的设计和试点，正是应对这一问题的重要表现。从概念解构看，养老风险由"养老"和"风险"两个内涵非常丰富的概念构成。养老的实质是指度过老年生活，其有广义和狭义之分。广义上，养老是能满足老年人需求的全部举措；狭义上，养老主要包括经济保障、生活照料和精神慰藉（穆光宗等，2014）[2]。本书所指的养老是狭义的养老。风险的本质是不确定性，也有广义和狭义之分。广义的风险是既有损失发生，又有盈利可能的不确定性，是投机风险；狭义的风险是只有损失发生的不确定性，即纯粹风险。因此，养老风险可以界定为"老有所养"的不确定性或"老无所养"的可能性，是一种纯粹风险，不存在投机性质。

风险的泛在性为养老风险的测量带来困难。如何度量风险，是一个有争议的问题（Fischhoff B.，1984）[3]。Dercon（2001）构建了"风险与脆弱性"分析框架，将农户的各类资源、收入及制度安排纳入该框架，并以此分析农民的生存风险[4]。陈传波、丁士军（2005）借鉴参与式研究与快速农村评估方法（RRA），采用开放式访谈的方式，通过农民对关键风险的认知，识别出他们面临的"风险地图"[5]。乐章（2006）[6]、于长永

---

①　Ulrich Beck. The Risk Society. Translated by Mark Ritter. London：Sage. 1992. Part I：1-44.

②　穆光宗、吴金晶、常青松：《我国养老风险研究》，《华中科技大学学报》（社会科学版）2014年第6期。

③　Fischhoff B. et al. Defining risk. Policy Sciences. 1984. 17（9）：123-139.

④　Dercon S. Assessing Vulnerability. Draft，Jesus College and CSAE. Department of Economics，Oxford University. 2001.

⑤　陈传波、丁士军：《中国小农户的风险及风险管理研究》，中国统计出版社2005年版。

⑥　乐章：《他们在担心什么：风险与保障视角中的农民问题》，《农业经济问题》2006年第2期。

（2015）[1] 把养老风险操作化为农民对未来养老问题的担心程度。这种操作化方式是假定农民是理性的，而大量研究已证明了农民是理性的（Schultz, Theodore W., 1964[2]；Popkin, Samuel., 1979[3]），农民根据自身条件和家庭情况，对自己未来老年生活安全作出合理判断与表现出担心，这反映了农民的养老风险。

因此，本书把农民的养老风险操作化为："根据您的自身条件和家庭情况，您担心自己的养老问题吗？""您最担心什么方面的养老问题？"二者分别反映农民的养老风险程度和养老风险形式。在选答指标设计时，本书借鉴规范的李克特量表设计方法，第一个问题，答案设计为"非常担心=1；比较担心=2；不好说（一般担心）=3；不太担心=4；一点儿也不担心=5"，是一个有序多分类因变量；第二个问题，答案设计为"缺乏经济来源=1；生活无人照料=2；精神孤独空虚=3；生病得不到治疗=4；无人送老上山=5；其他=6"，是一个无序多分类因变量。

二　分析框架

养老问题是每个人生命周期晚年的重要可持续生计问题。因此，可持续生计分析框架是农民养老风险分析的重要理论框架。从图7-1来看，农民的养老问题首先被置于社会、经济、政治和文化宏观背景之下，特别是人口老龄化、经济发展新常态以及养老观念转变等，决定了农民养老问题的总体形势。生活中的外部冲击和内部扰动事件，对农民养老需求产生重要影响。作为理性人，农民会动用自身所拥有的养老资源，应对生活中的冲击事件。生活冲击事件的发生频率、严重程度和紧迫程度以及由养老资源构建的生活安全网的脆弱性程度，共同决定老有所养的不确定性。不同农民拥有的养老资源不同，这就决定他们所面临的养老风险大小和养老风险形式，如经济保障风险、生活照料风险和精神慰藉风险等的不同。

---

① 于长永：《农民养老风险、策略与期望的代际差异》，《农业经济问题》2015年第3期。

② Schultz, Theodore W. Transforming Traditional Agriculture. New Haven, Conn. Yale University Press, 1964.

③ Popkin, Samuel. The Rational Peasant: The Political Economy of Rural Society in Vietnam. Berkeley: University of California Press, 1979.

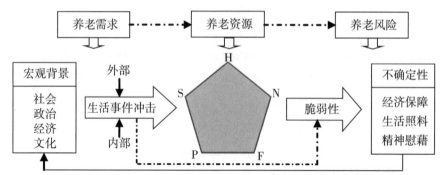

注：H：人力资源；N：自然资源；F：金融资源；P：物资资源；S：社会资源

图7-1　农民养老资源与养老风险的理论框架

三　研究假设

从大的方面看，养老的经济支持、生活照料和精神慰藉三个方面的养老内容，可以简化为经济支持和非经济支持两个方面。农民养老的经济支持能力，既包括农民自身所拥有的自然资源、金融资源和物资资源，也包括子女提供的经济支持；农民养老的非经济支持，主要来源于子女提供的照料支持和精神慰藉以及社会资源中的邻里互助和社区福利。一般而言，农民拥有的养老资源越多，农民养老保障体系的脆弱性就越低，农民的养老风险就越小，反之，农民的养老风险就越大。根据可持续生计分析框架，农民养老的人力资源，主要由儿子数量、女儿数量、家庭规模、文化程度和健康状况构成；农民养老的自然资源，主要由耕地面积构成；农民养老的物质资源，主要由住房拥有情况、交通类固定资产、农业机器固定资产构成；农民养老的金融资源，主要由家庭存款、收入和养老保险金构成；农民养老的社会资源，主要由社区交通便利性、社区身份、邻里关系和社区经济情况构成。

根据前文理论分析，本书可以提出如下假设：

假设1：人力资源对农民养老风险有显著影响，即子女数量越多、家庭规模越大、文化程度越多、健康状况越好，农民的养老风险越小，反之，农民的养老风险越大。

假设2：自然资源对农民养老风险有显著影响，即农民拥有的耕地面积越多，农民的养老风险越小，反之，农民的养老风险越大。

假设 3：物资资源对农民养老风险有显著影响，即拥有住房面积越大、有交通类固定资产和农业机器类固定资产的农民，他们的养老风险越小，反之则越大。

假设 4：金融资源对农民养老风险有显著影响，即家庭储蓄越多、收入水平越高和拥有养老保险的农民，养老风险越小，反之，农民的养老风险越大。

假设 5：社会资源对农民养老风险有显著影响，即社区交通便利性越好、社区身份为村干部、邻里关系越好和社区经济情况越好的农民，他们的养老风险越小，反之，他们的养老风险越大。

第三节　数据来源、变量选择与模型构建

一　数据来源

本书数据来自于 XJ 省。该省战略位置十分突出，因此 XJ 省的农民养老问题，不仅是一个经济问题，也是一个社会问题，更是一个政治问题。XJ 省少数民族聚集，计划生育政策相对宽松，人口老龄化进程较晚，老龄化程度较低，但人口老龄化速度较快。XJ 省于 2010 年前后，正式跨入老龄化社会。截至 2017 年底，XJ 省 60 岁及以上老年人口占总人口的比重达到 11.27%，较全国平均水平低 6.0%。但从发展速度看，XJ 省老年人口年均增长率高达 8.67%，远高于全国平均水平，人口老龄化速度快于全国 1.3 个百分点，而且城乡倒置明显（于长永，2018）[1]。从养老资源配置看，XJ 省老龄事业发展相对滞后，难以适应人口老龄化快速增长的要求，属于"未富先老"和"未备先老"地区。因此，选择 XJ 省的农民作为研究对象，具有较强的典型性和代表性。

XJ 省共有 14 个地州市，但是因为有一个市已经成为完全的工业化城市，农民所占比例极少，因此，本次调查没有把该地区作为调查范围。在

---

① 于长永：《慢性病对农村老年贫困的影响研究》，《西南民族大学学报》（人文社会科学版）2018 年第 3 期。

实际调查中，课题组按照等比例随机抽样方法，于 2013 年在 XJ 省 13 个地州市 56 个县进行实地调查，每个县随机选取 1—2 个村的农户进行入户结构式问卷调查与深度访谈。共发放问卷 1000 份，回收问卷 939 份，经数据筛选和缺失值处理后，共获得 726 份有效调查问卷。调查样本的基本分布情况见表 7-1。

表 7-1　　　　　　　　　　调查样本的地区分布情况　　　　　　　　单位：个

市、地区、自治州		区县（市）个数	样本村个数	发放问卷数	回收问卷数	有效问卷数
1 市	WLMQ	2	2	25	25	25
七个地区	TLFD	2	3	40	40	26
	HMDQ	2	2	26	26	26
	TCDQ	4	5	60	60	60
	ALTD	2	2	35	35	33
	AKSD	6	8	125	125	84
	KSDQ	11	12	194	179	137
	HTDQ	5	6	115	82	26
五个自治州	CJHZ	4	4	60	60	44
	YLHS	8	12	190	190	178
	BETL	2	2	30	30	27
	BYGL	5	5	60	59	45
	KZKZ	3	4	40	28	15
合　　计		56	67	1000	939	726

二　变量选择

首先，因变量。本书的因变量包括两个：一是农民的养老风险程度，具体操作化为："根据您的自身条件和家庭情况，您担心自己的养老问题吗？"是一个五级有序因变量。二是农民养老风险的类型，具体操作化为："您最担心什么方面的养老问题？"即经济保障风险、生活照料风险、精神慰藉风险和其他，是一个多分类无序因变量。

其次，自变量。自变量为本书的核心解释变量，其中，人力资源变量，由儿子数量、女儿数量、家庭规模、自评健康和教育年限五个指标构成；社会资源变量，由社区环境、社区身份、社区经济、社区交通、代际关系和干群关系六个指标构成；物质资源变量，由住房年份、家用汽车和农业机器三个指标构成；金融资源变量，由家庭存款、收入水平和养老保险三个指标构成；自然资源变量，由耕地面积一个指标构成。

最后，控制变量。为了消除性别因素、年龄因素、婚姻状况和民族状况对农民养老风险的影响，本书把农民的性别、年龄、婚姻状况和民族四个指标，作为控制变量纳入模型。严格来说，所有纳入模型的自变量都是控制变量，这里专门列出控制变量，是为了区分核心解释变量和个体人口学因素差异带来的影响。变量及其描述性统计结果见表7-2。

表7-2　　　　　　　　　　变量选取及其描述性统计结果

变量名称	定义	均值	标准差
养老风险变量			
养老风险程度	养老问题的担心程度。非常担心＝1；比较担心＝2；一般担心＝3；不太担心＝4；一点儿不担心＝5	2.84	1.23
养老风险类型	担心什么方面的养老问题。缺乏经济来源＝1；生活无人照料＝2；精神上孤独空虚＝3	1.63	0.77
人力资源变量			
儿子数量	农民的儿子数量	1.21	1.01
女儿数量	农民的女儿数量	1.16	1.00
家庭规模	和您吃住在一起的人数	3.74	1.41
教育年限	您的受教育年限	6.98	4.02
自评健康	很不好＝1；不太好＝2；一般＝3；比较好＝4；非常好＝5	3.75	1.04
社会资源变量			
社区环境	山区、盆地等＝0；平原＝1	0.57	0.49

续表

变量名称	定义	均值	标准差
社区身份	您是否是村干部。否=0；是=1	0.11	0.32
社区经济	非常贫穷=1；比较贫穷=2；一般=3；比较富裕=4；很富裕=5	2.95	0.68
社区交通	很不方便=1；不太方便-2；一般=3；比较方便=4；非常方便=5	3.45	0.97
代际关系	很不好=1；不太好=2；一般=3；比较好=4；非常好=5	4.50	0.66
干群关系	很不好=1；不太好=2；一般=3；比较好=4；非常好=5	3.68	0.84
物质资源变量			
房屋年份	您的房屋建造于哪一年？	1999	9.37
家用汽车	有无家用汽车。无=0；有=1	0.26	0.44
农业机器	有无农用拖拉机。无=0；有=1	0.22	0.41
金融资源变量			
收入水平	十分困难=1；有些困难=2；大致够用=3；够用有余=4	2.97	0.72
家庭存款	1万元以下=1；1—3万元=2；3—6万元=3；6—10万元=4；10万元及以上=5	2.15	1.29
养老保险	您是否参加了新型农村社会养老保险。没有参加=0；参加=1	0.65	0.48
自然资源变量			
耕地面积	自己有多少耕地（亩）。	31.03	48.61
控制变量			
性别	女性=0；男性=1	0.67	0.47
年龄	被调查对象的实际年龄。	45.62	13.77
婚姻状况	未婚、离婚、丧偶=0；已婚=1	0.84	0.37
民族状况	您属于哪个民族。少数民族=0；汉族=1	0.47	0.50

三　模型构建

首先，农民的养老风险程度模型。变量类型为有序因变量，采用

Ordinal Logit 回归模型。设因变量为 Y，$Y=1$，表示农民非常担心养老问题；$Y=2$，表示农民比较担心养老问题；$Y=3$，表示农民一般担心养老问题；$Y=4$，表示农民不太担心养老问题；$Y=5$，表示农民一点儿不担心养老问题。

影响 Y 的 m 个自变量分别记为 X_1，X_2，$\cdots$，Xm。那么，自变量与因变量之间关系的一般表达式，可以记为：

$$Y = \alpha + \beta X \tag{I}$$

P 表示农民养老问题担心程度的发生概率，记为：

$$P(Y \leqslant i) = P1 + \cdots + Pi \tag{II}$$

农民不同程度担心养老问题与不担心养老问题的概率之比，称为事件发生比（Odds），记为 $p_i/1 - p_i$，其表达式，记为：

$$\text{Odds}(Y \leqslant i) = \frac{P(Y \leqslant i)}{1 - P(Y \leqslant i)} = \frac{P_1 + \cdots + P_i}{P_i + 1 + \cdots + P_k + 1} \tag{III}$$

对 Odds 进行对数变换，则得到 Ordinal Logit 回归模型的线性表达式：

$$Ln\left(\frac{P(Y \leqslant i)}{1 - P(Y \leqslant i)}\right) = \alpha + \sum_{i=1}^{m} \beta i X i \tag{VI}$$

上述（I）—（VI）式中，α 为常数项，m 为自变量的个数，i 为农民的养老风险程度，且 $1 \leqslant i \leqslant 5$。$\beta_i$ 是自变量系数，反映不同解释变量对农民养老风险程度的影响方向及大小。将（VI）式两边进行指数变换，自变量回归系数 β_i 转换为 e^{β_i}，e^{β_i} 为自变量每变化 1 个单位所引起的因变量优势比的变化倍数。

其次，农民的养老风险形式模型。因变量是多分类无序因变量，选择 Multinational Logit 回归模型。模型的一般表达式：对于有 $j = 1, 2, \ldots, J$ 类分类变量，将第 J 类作为参照项，其他 J-1 类发生的概率比可以通过式（1）的 logit 变换得到：

$$\ln\left(\frac{P(y = j \mid x)}{P(Y = j \mid x)}\right) = \alpha_j + \sum_{i=1}^{k} \beta_{ji} X_i \tag{1}$$

式（1）中，In 为自然对数，$j = 1, 2, 3$ 分别代表担心经济保障、担心生活照料和担心精神慰藉。P_1，P_2 和 P_3 为三种养老风险的概率。k 为解释变量的个数，X_i 为解释变量向量。以精神慰藉风险为参照项，经济保障风险和生活照料风险概率发生比的 logit 表达式为（2）和（3）。

$$LogitP_1 = \ln\left[\frac{P(Y=1\mid X)}{P(Y=2\mid X)}\right] = \alpha_1 + \sum_{i=1}^{k} \beta_{1i}X_i \qquad (2)$$

$$LogitP_3 = \ln\left[\frac{P(Y=3\mid X)}{P(Y=2\mid X)}\right] = \alpha_3 + \sum_{i=1}^{k} \beta_{3i}X_i \qquad (3)$$

$$LogitP_2 = \ln\left[\frac{P_2}{P_2}\right] = \ln 1 = 0 \qquad (4)$$

其中，满足 $P_1 + P_2 + P_3 = 1$。

第四节　养老资源与养老风险的实证检验

一　农民的养老风险程度及其民族差异

调查结果表明（见表 7-3），有 14.1% 的农民表示非常担心养老问题，有 34.9% 的农民表示比较担心养老问题，二者合计为 49.0%，也就是说，担心养老问题的农民，不到一半。这一统计结果表明，农民的养老风险并不是一个非常严重的社会问题。分民族来看，有 44.7% 的汉族农民担心养老问题，有 52.7% 的少数民族农民担心养老问题，而且卡方检验结果（P<0.05）表明，这种差异在总体中是存在的。如果不考虑其他因素，很容易得出：少数民族农民的养老风险大于汉族农民养老风险的结论。但是，当控制地区因素（XJ 南部与北部地区）之后，我们发现农民养老风险的民族差异在总体中是不存在的（P>0.1）。这一统计结果，不仅与 XJ 南部与北部地区社会经济发展的地区差异和民族集聚特点（XJ 南部地区少数民族聚集，XJ 北部地区汉族居多）相吻合，还与当前的贫困人口主要集中在偏远的边疆地区的客观现实相吻合。这也就是说，XJ 省汉族农民与少数民族农民养老风险的差异，并不是民族自身因素导致的差异，而是由于居住环境以及由此伴随的文化环境、政策环境和地理环境差异导致的养老风险差异。

表 7-3　　　　　　　　　　　农民的养老风险程度及其民族差异

风险程度	总体		分民族	
	频数（个）	百分比（%）	汉族（%）	少数民族（%）
非常担心	102	14.1	15.5	12.9
比较担心	252	34.9	29.2	39.8
一般担心	79	10.9	9.5	12.1
不太担心	237	32.8	39.0	27.4
很不担心	53	7.3	6.8	7.8

二　农民的养老风险形式及其民族差异

总体来看（见表 7-4），有 40.8% 的农民担心老年时期缺乏经济来源，有 27.6% 的农民担心生活无人照料，有 14.7% 的农民担心精神上孤独空虚，有 13.9% 的老年人担心生病得不到治疗。这也就是说，经济保障风险是农民面临的主要养老风险，这与乐章（2006）[1]、于长永（2015）[2] 的研究结论相一致，其次是生活照料风险，而精神慰藉风险排在第三位。分民族来看，在汉族农民中，有 46.0% 的农民担心缺乏经济来源，有 25.1% 的农民担心生活无人照料，有 14.9% 的农民担心精神上孤独空虚，还有 10.7% 的农民担心生病得不到治疗；在少数民族中，只有 36.9% 的农民担心缺乏经济来源，有 29.4% 的农民担心生活无人照料，有 14.5% 的农民担心精神上孤独空虚，有 16.3% 的农民担心生病得不到治疗。

值得思考的问题是，汉族农民的收入状况一般好于少数民族农民，但是，为什么汉族农民更担心缺乏经济来源？为什么在生病方面，相比汉族，少数民族农民更担得不到治疗？对于第一个问题，可能的解释有二：一是农民对养老问题的担心程度与他们的风险意识有关，汉族农民受教育年限较长（多 0.41 年）、收入水平较高、子女数量较少、风险意识较高；

---

① 乐章：《他们在担心什么：风险与保障视角中的农民问题》，《农业经济问题》2006 年第 2 期。

② 于长永：《农民养老风险、策略与期望的代际差异》，《农业经济问题》2015 年第 3 期。

二是贫困文化的广泛存在①，影响了少数民族农民的养老风险担心程度。对于第二个问题而言，少数民族的医疗服务可及性和可得性差，很可能是造成这一问题的重要原因。

表7-4　　　　　　　　　　农民的养老风险形式及其民族差异

风险形式	总体		分民族	
	频数（个）	百分比（%）	汉族（%）	少数民族（%）
缺乏经济来源	203	40.8	46.0	36.9
生活无人照料	137	27.6	25.1	29.4
精神上孤独空虚	73	14.7	14.9	14.5
生病得不到治疗	69	13.9	10.7	16.3
无人送老上山	8	1.6	2.3	1.1
其他方面	7	1.4	0.9	1.8

值得深入追问的是，农民养老风险形式存在的民族差异，是否是一种普遍现象呢？从卡方检验结果来看（P>0.1），农民养老风险形式的民族差异，并没有通过显著性检验，这也即是说，不同民族农民面临的养老风险形式是类似的，即都是依次面临经济保障风险、生活照料风险和精神慰藉风险，这一顺序，在不同民族之间并没有表现出明显的不同。但是，由于调查样本毕竟有限，这个结论，是否具有普适性，仍需要进一步大样本验证。

三　农民养老风险程度的影响因素

由于XJ省是一个多民族聚集地区，汉族农民与少数民族农民在生育政策、民族文化、生活方式、家庭代际关系等诸多方面，都呈现出一定的差异。那么，这种差异是否反映在养老风险方面，是一个值得探讨的问题。因此，本书在模型估计时，区分全样本和分民族样本，深入分析农民

---

① 贫困文化是指一种独特生活方式，是长期生活在贫困之中的一群人的行为方式、习惯、风俗、心理定式、生活态度和价值观等非物质形式。

养老的影响因素及其民族差异。

首先，从全样本模型估计结果来看（见表7-5），农民养老风险的民族差异，并没有通过显著性检验。这说明，农民养老风险的差异，并不是由于民族自身差异导致的，而更多的是社区环境、交通便利性等因素导致的，这与前文的卡方检验结果相一致。模型估计结果中，社会资源变量中的社区环境和社区交通两个因素显著影响农民的养老风险，进一步印证了这一推断。农民养老风险的影响因素，还体现在儿子数量、家庭规模、自评健康、代际关系、干群关系、收入水平、家庭存款、养老保险和婚姻状况。儿子数量越多、自评健康越好，农民越不担心养老风险，这与假设1相符；家庭规模越大，农民越担心养老风险，这与假设1不符。可能的解释是，家庭规模越大，家庭负担可能越重，所以导致了这一估计结果。平原地区、社区交通越便利、代际关系越好，农民越不担心养老风险，这与假设2相符；干群关系越好，农民越担心养老风险，这与假设2不符。可能的解释是，干群关系好的地区，很可能是贫穷落后地区，因此，农民的养老风险更高。有家用汽车的农民养老风险相对更高，这与假设3不符。可能的解释，贷款消费增加了农民未来老年生活的不确定性。收入水平越高、家庭存款越多，农民越不担心养老风险，这与假设4相符。参加养老保险的农民，更担心养老风险，这与假设4不符。可能的解释是养老保险对代际支持产生了"挤出效应"。

其次，从分民族样本的模型估计结果看，影响农民养老风险的多个因素中，自评健康、社区环境、社区交通、干群关系、家庭存款等因素，在不同民族样本估计模型中，始终保持对农民养老风险的稳定性显著影响。这说明，上述五个因素是影响农民养老风险的普遍性因素，也应是养老政策降低农民养老风险的基本落脚点。同时，不同民族的养老风险，在儿子数量、女儿数量、家庭规模、代际关系、物质资源以及婚姻状况变量之间，存在显著的差异性。很明显，这种差异性更多的是不同民族之间的文化差异、政策差异、生活环境差异等导致的结果。因此，这些方面是养老政策针对性降低农民养老风险的基本着眼点，即通过结构化养老政策行动，有助于提高整个养老政策的实践效果。教育年限、社区经济、社区身份、耕地面积、年龄对农民养老风险的影响，没有通过显著性检验。这说明，它们对农民养老风险的影响缺乏统计学意义。

表 7-5　　　　　农民养老风险影响因素的有序 Logistics 回归结果

变量分类	变量名称	全样本		汉族		少数民族	
		β	$Exp(\beta)$	β	$Exp(\beta)$	β	$Exp(\beta)$
人力资源变量	儿子数量	0.179 **	1.196	0.345 **	1.412	0.179	1.196
	女儿数量	0.126	1.134	0.293 *	1.340	0.049	1.050
	家庭规模	−0.127 **	0.881	−0.105	0.900	−0.114	0.892
	教育年限	0.007	1.007	−0.017	0.983	0.004	1.004
	自评健康	0.530 ***	1.699	0.546 ***	1.726	0.616 ***	1.852
社会资源变量	社区环境	0.439 ***	1.551	0.413 *	1.511	0.463 **	1.589
	社区身份	−0.227	0.797	−0.681	0.506	−0.041	0.959
	社区经济	−0.106	0.899	0.096	1.101	−0.274	0.760
	社区交通	0.326 ***	1.385	0.535 ***	1.708	0.232 **	1.261
	代际关系	0.283 **	1.327	0.500 **	1.649	0.165	1.179
	干群关系	−0.445 ***	0.641	−0.687 ***	0.503	−0.288 **	0.749
物质资源变量	房屋年份	0.011	1.011	−0.026 **	0.974	0.046 ***	1.047
	家用汽车	−0.529 **	0.589	−0.257	0.773	−1.227 ***	0.294
	农业机器	0.259	1.296	−0.032	0.968	0.900 ***	2.459
金融资源变量	收入水平	0.304 **	1.355	−0.343 *	0.710	0.228	1.256
	家庭存款	0.430 ***	1.537	0.336 ***	1.399	0.613 ***	1.846
	养老保险	−0.467 **	0.627	−0.750 ***	0.472	−0.239	0.787
自然资源	耕地面积	−0.001	0.999	−0.001	0.999	−0.002	0.998
控制变量	性　别	0.191	1.211	0.081	1.084	0.459 *	1.583
	年　龄	−0.003	0.997	−0.021	0.979	0.006	1.006
	婚姻状况	−0.995 ***	0.369	−0.760 **	0.467	−1.318 ***	0.268
	民族状况	0.111	1.117	—	—	—	—

续表

变量 分类	变量名称	全样本		汉族		少数民族	
		β	$Exp(\beta)$	β	$Exp(\beta)$	β	$Exp(\beta)$
模型 拟合 效果	对数似然值	2537.514	1189.754	1423.708			
	显著性水平	0.000	0.000	0.000			
	伪决定系数	0.245	0.293	0.264			
	调整后系数	0.260	0.312	0.280			

注：＊、＊＊和＊＊＊分别表示变量在10%、5%和1%的统计水平上显著。

四　农民养老风险形式的影响因素

为了进一步检验农民养老风险形式的结构性差异，本书以精神慰藉风险为参照项，采用多项 Logistics 回归模型，分析农民养老风险形式的影响因素。见表7-6。

首先，从全样本模型的估计结果看，农民养老风险形式的民族差异，并没有通过显著性检验，这与前文的卡方检验结果相一致，说明农民养老风险形式的民族差异，在总体中也不存在，即养老风险形式在不同民族之间具有共性特点。儿子数量、干群关系、耕地面积和婚姻状况，对农民养老风险形式有显著的影响。相对于精神慰藉风险而言，儿子数量越多，农民越不担心经济保障风险和生活照料风险；干群关系越好，农民越担心经济保障风险和生活照料风险；耕地面积越大，农民越担心经济保障风险和生活照料风险；已婚的农民，更担心经济保障风险和生活照料风险。统计结果，恰恰反映了客观的社会现实，即干群关系较好的地方往往是比较贫穷落后的地方；儿子数量多反而负担重、债务多、生活压力大；耕地面积大，劳动强度大，但是农业收入水平有限等。

其次，从民族分样本模型估计结果看，儿子数量、女儿数量、家庭规模、自评健康、社区身份、社区交通、干群关系、家用汽车、农业机器、家庭存款、耕地面积、年龄，对农民养老风险形式的显著影响，在不同民族的样本中是存在显著差异的。因此，这些因素只能是有效应对农民养老风险形式的差异性养老政策着力点，而不是普遍性政策着力点。教育年限、社区环境、社区经济、代际关系、收入水平、养老保险以及性别，对农民养老风险形式的影响，没有通过显著性检验。这说明，它们对农民养老风险形式的影响缺乏统计学意义。这启示我们有效应对农民的养老风险形式，从这些方面着手是很难起到预期的效果的。

表7-6　　　　　　　农民养老风险影响因素的多项 Logistics 回归结果

变量分类	变量名称	全样本（β）		汉族（β）		少数民族（β）	
		经济保障	生活照料	经济保障	生活照料	经济保障	生活照料
人力资源变量	儿子数量	-0.516**	-0.599***	-1.161***	-1.668***	-0.362	-0.160
	女儿数量	-0.189	-0.113	-0.710**	-0.616	-0.233	-0.147
	家庭规模	0.078	0.147	-0.301	-0.017	0.348*	0.200
	教育年限	-0.016	-0.073	0.086	-0.065	-0.053	-0.082
	自评健康	-0.209	-0.354	0.250	0.264	-0.516	-0.672*
社会资源变量	社区环境	0.087	0.196	0.900	0.627	-0.045	0.450
	社区身份	0.617	0.526	0.555	0.066	1.151*	0.867
	社区经济	-0.113	-0.042	0.138	-0.008	0.069	-0.024
	社区交通	-0.036	-0.193	-0.737**	-0.796**	0.010	-0.034
	代际关系	0.275	0.278	-0.228	-0.345	0.431	0.527
	干群关系	0.520**	0.430**	1.331***	1.433***	0.485	0.314
物质资源变量	房屋年份	-0.006	-0.011	0.049	-0.003	-0.046	-0.013
	家用汽车	-0.533	-1.557**	-3.486***	-3.050**	0.617	-1.724*
	农业机器	0.253	0.108	3.015**	2.614*	-0.798	-0.535
金融资源变量	收入水平	-0.425	-0.001	0.423	0.062	-0.200	0.258
	家庭存款	-0.119	-0.480***	-0.020	-0.377	-0.405*	-0.710**
	养老保险	0.369	-0.495	0.474	0.439	0.664	-0.831
自然资源	耕地面积	0.012*	0.019***	0.048***	0.055***	-0.011	0.007

续表

变量分类	变量名称	全样本（β）		汉族（β）		少数民族（β）	
		经济保障	生活照料	经济保障	生活照料	经济保障	生活照料
控制变量	性　别	-0.034	-0.098	0.009	-0.575	-0.398	-0.088
	年　龄	0.005	-0.002	0.088**	0.078*	-0.028	-0.030
	婚姻状况	1.069**	0.818*	1.235	1.305	0.892	0.397
	民族状况	-0.528	-0.622	—	—	—	—
模型拟合效果	对数似然值	794.191	355.626	424.899			
	显著性水平	0.000	0.000	0.000			
	伪决定系数	0.197	0.368	0.312			
	调整后系数	0.230	0.430	0.366			

注：*、**和***分别表示变量在10%、5%和1%的统计水平上显著。参照项为精神慰藉风险。

第五节　本章小结与政策启示

本书基于 XJ 省 2013 年 2 月对 13 个地州市 56 个县 726 位农民的实地调查数据，实证分析农民的养老风险及其结构性差异。研究结论与政策启示如下：

第一，农民的养老风险并不突出。从理论上说，少子老龄化的快速发展，会在一定程度上加大农民养老的不确定性，应该引起政府和社会各界的高度重视和密切关注。但是，我们不必对农民的养老风险有过多的忧虑。这基于两点：一是农民的养老风险并不突出。研究结果表明，明确表示担心养老问题的农民，所占比例还不到 50%，即便加上对养老风险表示一般担心的农民，也只有 60% 左右。这说明，农民养老风险并不是一个非常严重的农村社会问题。二是农民并不是被动地等待"老时被养"。他们会动态的根据自身条件和客观环境的变化，适时地作出积极的应对，如老年时期仍然参加农业劳动、积极照看孙辈、积极料理家务等，这些工作不仅增加了他们的养老资源，也在社会参与中降低了他们的养老风险。但是，这并不是说，政府就可以放手不管，相反，政府更应该加大对农民养老的财政投入。这既是共建共治共享的需要，也是促进代际公平的所需。

第二，经济保障风险是农民面临的首要风险。从狭义的角度讲，农民养老面临三种风险，即经济保障风险、生活照料风险和精神慰藉风险。但总体上看，农民面临的首要风险是经济保障风险，有46.0%的农民担心经济保障风险，其次是生活照料风险，所占比例为25.1%，第三位是精神慰藉风险（心里孤独和无人送老上山），所占比例为17.2%。考虑到经济因素是生病得不到治疗的重要原因。那么，农民的经济保障风险，相当于生活照料风险的2.3倍，精神慰藉风险的3.3倍。因此，加强农民养老的经济保障能力尤其是养老保险保障能力建设，是国家相当长一段时间内应该优先考虑的核心议题。但是，值得注意的是，农民的养老风险结构，并不是固定不变的秩序排列。随着人们收入水平的提高、少子老龄化的加剧以及失能半失能问题的日益严重，农民的生活照料风险尤其需要密切关注，这也是国家从2016年开始正式在全国15个省市试点和推广长期护理保险的现实因应。

第三，农民养老风险的民族差异并不存在。民族问题是一个大问题，如果不能客观、准确地认识这一问题，很容易因误读和误解而导致民族矛盾，不利于民族和谐和社会稳定。农民养老风险的民族差异，不仅是认识民族问题的一个重要民生方面，也是国家加大民族地区民生政策建设的一个重要依据。研究结果表明，农民养老风险的民族差异，无论是养老风险程度，还是养老风险的具体方面，都没有表现出显著的民族差异。这说明，农民养老风险的民族差异并不存在。不同民族在养老风险及其影响因素方面所表现出的差异，更多的是由于生活环境、文化习惯以及生育政策的不同而表现出的差异。因此，国家在解决民族地区农民的养老风险时，应该淡化民族本身因素的影响，加大对民族集聚地区、生活环境较差地区的社会政策支持力度，这样才能起到事半功倍的效果。

第四，影响农民养老风险的资源因素多而复杂。从养老资源的角度看，影响农民养老风险程度的资源因素多而复杂，自评健康、社区环境、社区交通、干群关系、家庭存款五个因素，是影响农民养老风险程度的共性因素，是养老政策降低农民养老风险的基本着力点。儿子数量、女儿数量、代际关系、物质资源以及婚姻状况，对农民养老风险程度也存在显著

的影响，但在不同民族群体之间的作用是不同的，它们对农民养老风险的
影响，更多的是由于不同民族之间的文化差异、政策差异、生活环境差异
等导致的结果。因此，它们是国家应对养老风险的选择性养老政策着力
点。另一方面，影响农民养老风险形式的资源因素也体现在多个方面，但
是不同民族之间并不能找到共性的影响因素。农民养老风险形式，在不同
教育年限、社区环境、社区经济、代际关系、收入水平、养老保险以及性
别的农民之间，并不存在显著差异。这预示着，国家很难从这些方面着手
有效降低农民的养老风险，而需要寻找其他着力点。

第八章　农民养老风险的影响因素：群体的角度

第一节　问题的提出与研究进展

长期以来，风险问题一直是工程学和自然科学关注的话题，而人文社会科学领域则处于集体失语状态①。1986 年，乌尔里希·贝克"风险社会理论"的提出，为人们全面理解现代社会的结构特点、风险成因及其系统治理提供了独特视角②。巨大的社会变迁，正推动中国步入"风险社会"，甚至将可能进入高风险社会③，而由"外部风险"向"人造风险"的转型④，正是中国进入风险社会的重要标志。在众多风险中，因计划生育政策限制和人们生育观念转变等带来的"少子老龄化"问题⑤，已经成为中国面临的日益突出的风险形态。作为一个"未富先老"、"未备先老"⑥ 和农村老年人占多数的发展中国家，如何有效应对农村老年人"老无所养"和"贫困化"风险，不仅关系到全面建成小康社会的顺利实现，更关系到民生福祉的持续改善和中国社会的长治久安。

在风险社会中，由于风险的高度复杂性和影响的广泛性，过去那种

---

① 葛笑如：《中国风险社会的公共治理之道》，《中共四川省委省级机关党校学报》2012 年第6 期。

② 范如国：《"全球风险社会"治理：复杂性范式与中国参与》，《中国社会科学》2017 年第2 期。

③ 薛晓源、刘国良：《全球风险世界：现在与未来——德国著名社会学家、风险社会理论创始人乌尔里希·贝克教授访谈录》，《马克思主义与现实》2005 年第 1 期。

④ 安东尼·吉登斯：《失控的世界》，江西人民出版社 2001 年版。

⑤ 穆光宗、茆长宝：《人口少子化与老龄化关系探究》，《西南民族大学学报》（人文社科版）2017 年第 6 期。

⑥ 魏华林、金坚强：《养老大趋势：中国养老产业发展的未来》，中信出版社 2014 年版。

单向度、简单化和碎片化的风险被动管理范式已经失效①，只有采取多元参与、双向沟通、网络协作和系统性的风险积极治理模式，才能有效应对风险以实现风险善治。而现代风险有很强的"隐形"特点，对社会的影响更多表现在对人们主观"风险认知"的冲击②。作为理性人，人们依据客观现实的变化判断风险，依据对风险的认知作出相应的风险决策③。但是，当人们对某种风险的认知极端匮乏时，无论是极度恐慌和焦虑下的"过度防护"，还是听天由命式的"防护缺失"，都无助于人们理性地对待并防范风险。因此，在中国人口老龄化加速发展、养老风险日益凸显的背景下，考察农村老年人的养老风险与养老期望，不仅有助于我们准确把握当前农村养老风险的总体形势，还能为养老保障的"供给侧改革"提供重要依据。

回顾已有文献不难发现，国内外关于农民养老风险的研究，遵循明显不同的分析范式。国外关于养老风险问题的研究，主要围绕老年贫困问题展开，集中在两个方面：一是公共转移支付对老年贫困的影响④⑤；二是代际关系对老年贫困的影响⑥⑦。不可否认，老年贫困风险是养老风险的重要方面，但它并不等同于养老风险，因为养老并不只是经济保障问题。国内关于养老风险问题的研究，遵循三种分析思路：一是从特殊对象入手，分

---

①　范如国：《"全球风险社会"治理：复杂性范式与中国参与》，《中国社会科学》2017 年第 2 期。

②　赵延东：《风险社会与风险治理》，《学习时报》2004 年 3 月 25 日。

③　张成福、陈占锋、谢一帆：《风险社会与风险治理》，《教学与研究》2009 年第 5 期。

④　Zimmer, Zachary and Julia K wong. Family Size and Support of Older Adults in Urban and Rural China: Current Effects and Future Implications, Demography, 2003, 8 (1): 23-44.

⑤　Virginia, Robano and C. S. Stephen. Multidimensional Targeting and Evaluation: A General Framework with an Application to a Poverty Program in Bangladesh. Working Paper, 2013.

⑥　Katz, R., Intergenerational Family Relations and Subjective Well-being in Old Age: A Cross-national Study, *European Journal of Ageing*, 2009, 6 (2): 79-90.

⑦　Lloyd-Sherlock, P., Old Age and Poverty in Developing Countries: New Policy Challenges, World Development, 2000, 28 (12): 2157-2168.

析城市独生子女家庭特别是城市"失独老人"的养老风险①②③；二是从规范分析的角度，分析老年人尤其是特殊群体养老风险的严重性、风险来源及风险形式④⑤；三是从制度供给的角度，提出老年人养老风险的解决对策⑥⑦。

综合来看，已有研究和讨论为我们全面认识养老风险提供了重要基础，但也存在明显不足：一是较少关注当下的农村老年人。代际发展是永续的，一代接一代。如果说，考察整体农民特别是中老年农民的养老风险⑧⑨，为我们预防养老风险提供了新的视角，那么，分析当下农村老年人的养老风险，则为我们的立即行动提供指南。二是较少考虑农村老年人的现实需求与期望。现如今，"供给侧改革"成为中国经济与社会生活中的热词⑩，但毫无疑问，不关注人们的"需求侧"，"供给侧改革"则难以避免盲目性弊端。三是较少关注农村老年人养老问题的差异性。老年人并不是一个同质群体，考察老年人养老风险与期望的差异性，有助于提高养老策略的合意性和有效性。本书利用来自 2016 年的全国调查数据，实证分析农村老年人的养老风险和养老期望，以期弥补现有研究的不足，并为有效应对养老风险提供政策启示。

---

①　陆杰华、卢镟逢：《失独家庭扶助制度的当下问题与改革路径分析》，《国家行政学院学报》2014 年第 6 期。

②　谢勇才：《老龄化背景下失独家庭养老模式向何处去》，《东岳论丛》2016 年第 8 期。

③　穆光宗：《失独父母的自我拯救和社会拯救》，《中国农业大学学报》（社会科学版）2015 年第 3 期。

④　穆光宗、吴金晶、常青松：《我国养老风险研究》，《华中科技大学学报》（社会科学版）2014 年第 6 期。

⑤　向德平、周晶：《失独家庭的多重困境及消减路径研究——基于"风险—脆弱性"的分析框架》，《吉林大学社会科学学报》2015 年第 6 期。

⑥　邓大松、陈文娟、王增文：《论中国的养老风险及其规避》，《经济评论》2008 年第 2 期。

⑦　宋健：《中国"失独"家庭的养老问题与对策》，《探索与争鸣》2016 年第 1 期。

⑧　乐章：《风险与保障：基于农村养老问题的一个实证分析》，《农业经济问题》2005 年第 9 期。

⑨　于长永：《农民养老风险、策略与期望的代际差异》，《农业经济问题》2015 年第 3 期。

⑩　贾康、苏京春：《论供给侧改革》，《管理世界》2016 年第 3 期。

第二节　概念测量、数据来源与描述性分析

一　养老风险及其测量

养老风险的测量，需要回答三个问题：一是养老的内涵；二是风险的概念；三是养老风险的测量方法。养老是指赡养老人或老有所养，其实质是如何度过老年生活。养老有广义和狭义之分，广义的养老包含了老年人需求的全部，狭义的养老主要包含经济支持、生活照料和精神慰藉[1][2]。本书指的是狭义的养老概念。风险的本质是不确定性，也有广义和狭义之分。广义的风险是指既有损失发生又有盈利可能的投机风险（Dynamic Risk）；狭义的风险是只有损失发生的纯粹风险（Pure Risk）。因此，养老风险可界定为"老有所养"的不确定性或"老无所养"的可能性。

风险的测量是一个难题。一些学者尝试把复杂问题的关键因素列出，让农民对所担心的问题进行"识别"和"排序"，以期勾画出农民的"风险地图"[3][4]。一些学者，用规范的量表，通过农民对养老问题的担心程度及其具体指向，测量农民的养老风险[5]。农民是理性的，而且大量研究证明，农民风险策略选择是理性和有效的[6][7]。因此，本书认为，农村老年人根据自身资源禀赋、现实条件以及所处环境，对自己老年生活安全的理性判断和担心程度，能够比较准确地反映他们的养老风险。

本书把养老风险操作化为两个指标：一是您担心自己的养老问题吗？答案设计为非常担心、比较担心、无所谓、不太担心和一点儿也不担心，

---

①　穆光宗：《我国农村家庭养老问题的理论分析》，《社会科学》1999 年第 12 期。

②　郝明松、于苓苓：《双元孝道观念及其对家庭养老的影响——基于 2006 东亚社会调查的实证分析》，《青年研究》2015 年第 3 期。

③　Chambers R. et al.，Working with farmers for better land husbandry. London：Intermediate Technology Publication. 1993，87-95.

④　陈传波、丁士军：《中国小农户的风险及风险管理研究》，中国统计出版社 2005 年版。

⑤　乐章：《风险与保障：基于农村养老问题的一个实证分析》，《农业经济问题》2005 年第 9 期。

⑥　于长永：《农民养老风险、策略与期望的代际差异》，《农业经济问题》2015 年第 3 期。

⑦　詹姆斯·斯科特：《农民的道义经济学：东南亚的生存与反叛》，程立显等译，南京译林出版社 2001 年版。

以考察农村老年人养老风险的严重程度；二是您最担心哪个方面的养老问题？答案设计为缺乏经济来源、生活无人照料、精神上会孤独空虚、生病得不到治疗、无人送老上山和其他，以反映老年人的养老风险类型。两个指标共同反映农村老年人养老风险的总体形势。操作化的依据是：信心比黄金更重要①，而信心源于稳定的安全预期②。因此，在养老问题上，有没有稳定安全预期的具体表现就在于他们是否担心养老问题。

二　数据来源与样本描述

本书数据来自2016年全国12个省份36个县的基层调查。调查按照分层随机抽样原则，首先，根据不同省份社会经济发展状况选择代表性省份，其中东部地区三个省（山东、福建、江苏），中部地区五个省（湖北、河南、山西、安徽、广西），西部地区四个省（贵州、甘肃、四川、陕西）；其次，在每个省选择三个左右的县，每个县选择一个行政村和自然村；最后，按照系统随机抽样方式，选择被调查对象，进行入户结构式访问。共发放调查问卷1500份，回收有效问卷1395份，有效回收率93.0%。调查样本基本情况见表8-1。

表 8-1　　　　　　　　　　　　调查样本的基本情况

项目	类别	频数（个）	百分比（%）	项目	类别	频数（个）	百分比（%）
性　别	男	719	51.5	民　族	汉族	1267	91.6
	女	676	48.5		少数民族	116	8.4
文化程度	没上过学	538	38.8	健康状况	非常健康	310	22.3
	小学	609	43.9		比较健康	453	32.6
	初中	178	12.8		一般	292	21.1
	高中、中专	58	4.1		健康较差	294	21.2
	大专以上	5	0.4		健康很差	39	2.8

① 新华社总编室：《信心与希望：温家宝总理访谈实录》，新华出版社2010年版。

② 郑功成：《信心源于稳定的预期》，《人民日报》2012年10月31日。

续表

项目	类别	频数（个）	百分比（%）	项目	类别	频数（个）	百分比（%）
分组年龄	60—69 岁	722	51.9	婚姻状况	未婚	37	2.6
	70—79 岁	503	36.3		已婚	1002	71.9
	80—89 岁	156	11.2		离异	22	1.6
	90 岁以上	9	0.6		丧偶	333	23.9

从表 8-1 看，农村老年人文化程度普遍较低，80%以上老年人文化程度在初中以下，符合农村老年人的受教育特点。已婚老年人占 74.5%，丧偶老年人占 23.9%，与老年人年龄分布基本吻合，即 75 岁以下的农村老年人占 74.7%，他们的婚姻状态大多处于已婚或丧偶状态。结合老年人的性别、民族和健康状况分布，表明本次调查数据质量较高。

三　农村老年人的养老风险现状

从养老风险程度看（表 8-2），有 6.5%的老年人非常担心养老问题，25.8%的老年人比较担心养老问题，也就是说，有 32.3%的农村老年人面临养老风险。这一结果，略高于 2011 年中国老龄健康影响因素调查所得出的老年贫困发生率[1][2]，即老年经济贫困（24.5%）、健康贫困（20.9%）和精神贫困（30.2%）[3]。可见，农村老年人的养老风险，并不像学者们所忧虑的那样严重。从养老风险形式来看，40.1%的老年人担心缺乏经济来源，有 20.9%的老年人担心生活无人照料，有 7.6%的老年人担心精神孤独寂寞，有 26.5%的老年人担心生病得不到治疗，另有 4.9%的老年人担心无人送老上山。这也就是说，农村老年人面临的主要风险依然是经济保

---

① Barrientos, A., Gorman, M., Heslop, A. *Old Age Poverty in Development Countries*: *Contributions and Dependence in Later Life*. World Development. 2003，31（3）：555-570.

② 养老风险包括贫困风险、生活照料风险和精神孤独风险等，因此养老风险略高于贫困风险是比较合理的。

③ 乐章、刘二鹏：《家庭禀赋、社会福利与农村老年贫困研究》，《农业经济问题》2016 年第 8 期。

障风险（生病得不到治疗的实质是经济风险）。那么，值得追问的是，哪些农村老年人面临养老风险，什么因素决定了农村老年人的养老风险？

表 8-2　　　　　　　　农村老年人养老风险的总体情况

风险程度	您担心自己的养老问题吗？				风险形式	您最担心哪方面的养老问题？			
	频率	百分比	有效百分比	累计百分比		频率	百分比	有效百分比	累计百分比
非常担心	91	6.5	6.5	6.5	缺乏经济来源	228	16.3	40.1	40.1
比较担心	359	25.7	25.8	32.3	生活无人照料	119	8.5	20.9	61.0
无所谓	147	10.5	10.6	42.9	精神孤独寂寞	43	3.1	7.6	68.6
不太担心	650	46.6	46.8	89.7	生病得不到治疗	151	10.8	26.5	95.1
从不担心	143	10.2	10.3	100.0	无人送老上山	28	2.0	4.9	100.0
合计	1390	99.6	100.0		合计	569	40.8	100.0	

注：只有选择非常担心和比较担心的农村老年人，才被问及最担心的问题，所以最担心样本只有 569 份。

第三节　研究假说、变量选择与模型构建

一　研究假说

老年人作为一个特殊的脆弱阶层，容易陷入"老无所养"的困境[1][2]。因此，脆弱性分析框架能够比较合理地解释农村老年人养老风险

---

① Rank M R, Hirschal T. The Occurrence of Poverty Across the Life Cycle: Evidence from the PSID. Journal of Policy Analysis and Management. 2001, 20 (4): 737-755.

② Brady, David. Reconsidering the Divergence between elderly, Child and overall Poverty. Research on Aging. 2004, 2 (6): 487-510.

的产生机制。这是因为，养老是一个系统工程，而脆弱性是一个系统属性。"系统"是二者结合的第一个"节点"。二者结合的第二个"节点"是"家庭"。因为农村是以家庭为单位来应对各种风险的，家庭养老是农村老年人的主要养老模式[1]，脆弱性是外部风险冲击、内部风险扰动以及社会保护体系共同构成的一个函数[2]，对于农村老年人而言，外部与内部区分的边界是"家庭"，家庭既是农村老年人的"生产单位"和"消费单位"，也是农村老年人的"风险单位"。脆弱性与农村老年人养老风险的关系见图 8-1。

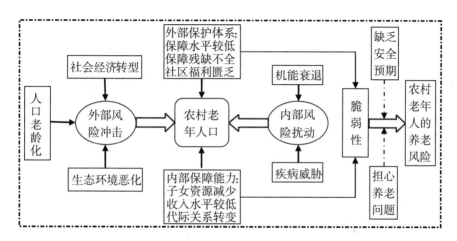

图 8-1 脆弱性与农村老年人养老风险的产生机制

图 8-1 显示，农村养老的脆弱性，是由家庭外部保护体系、内部保障能力、外部风险冲击和内部风险扰动共同作用的结果。外部保护体系的健全程度和内部保障能力的高低，共同决定农村养老脆弱性的大小，外部风险冲击和内部风险扰动，是养老脆弱性"显性化"的必要条件。当前，农村养老外部保护体系不健全，表现在保障水平较低、保障残缺不全和社区

---

[1] 穆光宗：《我国农村家庭养老问题的理论分析》，《社会科学》1999 年第 12 期。

[2] 向德平、周晶：《失独家庭的多重困境及消减路径研究——基于"风险—脆弱性"的分析框架》，《吉林大学社会科学学报》2015 年第 6 期。

福利匮乏等；内部保障能力出现弱化①②，表现在子女资源减少、家庭收入水平较低和代际关系转变等。而人口结构加速老化、社会经济快速转型和生态环境日益恶化，既加剧了家庭外部风险冲击，又放大了家庭内部风险扰动。农村老年人的生活安全，处于"水深及颈"的脆弱性状态，任何"细微的波澜"都可能使其陷入"灭顶之灾"③。

风险的本质是不确定性，其无处不在，无时不在。因此，我们无法消除风险，但我们却可以通过建设保障体系，提高保障网的抗风险能力，降低脆弱性，进而减少风险冲击带来的伤害。假定风险冲击是一定的，农村老年人是否有稳定的安全预期，是否担心养老问题，取决于外部保护体系和内部保障能力。外部保护体系主要包括养老保险和医疗保险，也包括社区互助，因为农村是一个熟人社会，邻里互助是获得保障的重要途径④⑤。由于农村养老保险和医疗保险已经实现全覆盖，本书用二者的保障水平代替覆盖面。中国是一个地区差异非常明显的国家，不同地区的社区福利水平差异明显。因此，所在地区是反映外部保障的一个重要因素。内部保障能力主要表现在家庭规模、家庭存款、儿子数量、女儿数量和代际关系。农村老年人拥有的保障水平越高，他们就可能越不担心养老问题。

因此，本书提出如下研究假设：

假设1：养老保险金水平越高、医疗保险补偿水平越高、社区互动越好以及东部地区的农村老年人，面临较低程度养老风险的概率越大，反之，则越小。

假设2：家庭规模越大、家庭存款越多、儿子数量越多、女儿数量越多和代际关系越好的农村老年人，面临较低程度养老风险的概率越大，反之，则越小。

①　周兆安：《家庭养老需求与家庭养老功能弱化的张力及其弥合》，《西北人口》2014年第2期。

②　于长永、代志明、马瑞丽：《现实与预期：农村家庭养老弱化的实证分析》，《中国农村观察》2017年第2期。

③　詹姆斯·斯科特：《农民的道义经济学：东南亚的生存与反叛》，程立显等译，南京译林出版社2001年版。

④　费孝通：《乡土中国·生育制度》，北京大学出版社1998年版。

⑤　孟德拉斯：《农民的终结》，李培林译，中国社会科学出版社2010年版。

二　变量选择

本书主要解释变量有（包括养老保险、医疗保险、社区互动和所在社区）反映家庭外部保护体系的变量，以及（包括儿子数量、女儿数量、家庭规模、家庭存款和代际关系）反映家庭内部保障能力变量。同时，为避免个体差异对老年人养老风险的影响以及已有证据[1][2][3]，本书把性别、年龄、教育年限、健康状况和婚姻状况作为控制变量纳入模型。变量选择及其统计描述见表8-3。

表8-3　　　　　　　　　　　　变量选择及其统计描述

变量分类	变量名称	变量含义与赋值	最大值	最小值	均值（注）	标准差
因变量	养老风险	您担心自己的养老问题吗？非常担心=1；比较担心=2；无所谓=3；不太担心=4；一点儿也不担心=5	5	1	3.28	1.15
外部保护体系	养老保险	您每个月的养老金是多少钱？100元及以下=1；200元=2，…，1000元=10；1500元及以上=11	11	1	1.29	1.09
	医疗保险	补偿比例高低。非常低=1；比较低=2；一般=3；比较高=4；非常高=5	5	1	2.71	1.01
	邻里互助	邻里互助情况。非常好=1；比较好=2；一般=3；不太好=4；很不好=5	5	1	2.05	0.69
	东部地区	老年人所在地区。东部地区=1；其他地区=0	1	0	0.26	0.44
	中部地区	老年人所在地区。中部地区=1；其他地区=0	1	0	0.60	0.49

---

[1]　乐章：《风险与保障：基于农村养老问题的一个实证分析》，《农业经济问题》2005年第9期。

[2]　孔祥智、涂圣伟：《我国现阶段农民养老意愿探讨——基于福建省永安、邵武、光泽三县（市）抽样调查的实证研究》，《中国人民大学学报》2007年版。

[3]　吴海盛、江巍：《中青年农民养老模式选择意愿的实证分析》，《中国农村经济》2008年第11期。

续表

变量分类	变量名称	变量含义与赋值	最大值	最小值	均值（注）	标准差
内部保障能力	儿子数量	您总共有几个儿子。	7	0	1.61	0.98
	女儿数量	您总共有几个女儿。	6	0	1.34	1.04
	家庭存款	您家有多少存款。1万元及以下=1；1—3万元=2；3—5万元=3；5—7万元=4；7—9万元=5；9—11万元=6；11万元及以上=7	7	1	2.25	1.72
	家庭规模	与您吃住在一起的家庭成员数量	10	1	3.47	1.72
	代际关系	老年人与儿子、儿媳、女儿和女婿关系的公因子	3.22	-1.5	0.00	1.00
个体特征变量	性　别	被调查对象性别。男=1，女=0	1	0	0.52	0.50
	年　龄	被调查对象年龄	96	60	70.1	6.98
	教育年限	被调查对象受教育年限	22	0	2.98	3.22
	健康状况	被调查对象健康自评。非常健康=1；比较健康=2；一般水平=3；健康较差=4；健康很差=5	5	1	2.49	1.14
	婚姻状况	被调查对象婚姻状况。已婚=1；其他=0	1	0	0.72	0.45

　　注：值得说明的是，分类变量计算均值是没有实际意义的，这里只是用于反映该指标的基本分布。

　　从解释变量的类型来看，本章所选择的解释变量由连续变量、定序变量和虚拟变量构成。其中，养老保险、儿子数量、女儿数量、家庭存款、家庭规模、代际关系、年龄和受教育年限是连续变量；医疗保险、邻里互动和健康状况是定序变量；所在地区、性别、婚姻状况是虚拟变量。一般回归分析要求解释变量在定距尺度及以上层次，定序变量可以近似地作为定距变量来处理①。因此，本书变量均满足回归分析的要求。

---

　　① 柯惠新、沈浩：《调查研究中的统计分析法》，北京广播学院出版社2005年版。

三　模型构建

本书因变量是农村老年人的养老风险，操作化为老年人对养老问题的担心程度。变量类型为多分类有序因变量。为了避免把有序变量转化为二分类变量所导致的信息丢失问题，本书采用 Ordinal Logistics 回归模型对其进行分析。设因变量为 Y，$Y=1$，表示农村老年人非常担心养老问题；$Y=2$，表示农村老年人比较担心养老问题；$Y=3$，表示农村老年人对养老问题的担心程度为一般水平；$Y=4$，表示农村老年人不太担心养老问题；$Y=5$，表示农村老年人对养老问题一点儿也不担心。

影响因变量 Y 的 m 个自变量分别记为 X_1，X_2，$\cdots$，Xm。那么，自变量与因变量之间关系的一般表达式，记为：

$$Y = \alpha + \beta X \tag{1}$$

P 表示农村老年人对养老问题不同担心程度的发生概率，那么，P 记为：

$$P(Y \leq i) = P_1 + \cdots + P_i \tag{2}$$

农村老年人不同程度地对养老问题担心与不担心的概率之比，被称为事件发生比（Odds），记为 $p_i / 1 - p_i$，其数学表达式为：

$$\text{Odds}(Y \leq i) = \frac{P(Y \leq i)}{1 - P(Y \leq i)} = \frac{P_1 + \cdots + P_i}{P_i + 1 + \cdots + P_k + 1} \tag{3}$$

对 Odds 进行对数变换，则得到 Ordinal Logistic 回归模型的线性表达式：

$$Ln\left(\frac{P(Y \leq i)}{1 - P(Y \leq i)}\right) = \alpha + \sum_{i=1}^{m} \beta_i X_i \tag{4}$$

上述（1）—（4）式中，α 为常数项，m 为自变量的个数，i 为农村老年人对养老问题的担心程度，即养老风险，且 $1 \leq i \leq 5$。β_i 是自变量系数，反映不同解释变量对农村老年人养老风险的影响方向及程度。将（4）式两边同时取指数，自变量回归系数 β_i 转换为 e^{β_i}，e^{β_i} 解释为自变量每变化 1 个单位所引起的对因变量影响优势比的变化倍数。

第四节　农村老年人养老风险影响因素的解释

一　农村老年人养老风险的估计结果

为了避免自变量较多时可能存在的多重共线性及其对模型估计结果的影响，以及为了更加清楚地反映不同层面自变量对农村老年人养老风险影响的差异和模型估计结果的稳健性，本书采用分步 Ordinal Logistics 回归方法进行处理。从模型拟合效果来看，三个模型均在 1% 显著水平上通过了检验，说明三个层面的解释变量对农村老年人的养老风险有显著影响，见表 8-4。其中，模型 1 解释了农村老年人养老风险变异的 5.9%，模型 2 解释了农村老年人养老风险变异的 12.4%，模型 3 解释了农村老年人养老风险变异的 16.1%。这也就是说，个体特征变量、家庭外部保障体系变量和内部保障能力变量，分别解释了农村老年人养老风险变异的 5.9%、6.5% 和 4.5%。具体来看：

表 8-4　　　　农村老年人养老风险影响因素的 Ordinal 回归分析结果

变量分类	变量名称	模型 1		模型 2		模型 3	
		β	$Exp(\beta)$	β	$Exp(\beta)$	β	$Exp(\beta)$
阈值	非常担心	-0.834	0.434	-0.991	0.371	-0.051	0.950
	比较担心	1.185**	3.271	1.037	2.821	2.014**	7.492
	一般担心	1.678**	5.355	1.584**	4.874	2.587***	13.289
	不太担心	4.191***	66.089	4.225**	68.375	5.290***	198.343
老年个体特征禀赋	性　别	-0.027	0.973	0.055	1.057	0.142	1.153
	年　龄	0.030***	1.031	0.029***	1.029	0.027**	1.027
	教育年限	0.031*	1.032	0.041**	1.042	0.017**	1.017
	健康状况	-0.284***	0.753	-0.183***	0.833	-0.133**	0.876
	婚姻状况	0.631***	1.879	0.519***	1.680	0.396***	1.486

续表

变量分类	变量名称	模型1		模型2		模型3	
		β	Exp（β）	β	Exp（β）	β	Exp（β）
家庭外部保障体系	养老保险			0.042	1.043	0.008	1.008
	医疗保险			0.109**	1.115	0.110**	1.116
	邻里互助			−0.384***	0.681	−0.243**	0.784
	东部地区			0.762***	2.143	0.843***	2.323
	中部地区			0.008	1.008	0.015	1.015
家庭内部保障能力	儿子数量					0.077	1.080
	女儿数量					0.033	1.034
	家庭存款					0.190***	1.209
	家庭规模					0.087**	1.091
	代际关系					−0.225**	0.789
模型拟合效果	对数似然值	2943.501	2995.734	2631.423			
	显著性水平	0.000	0.000	0.000			
	伪决定系数	0.055	0.116	0.151			
	调整后系数	0.059	0.124	0.161			

注：***、**和*分别表示变量在1%、5%和10%的统计水平上显著。所在地区参照项为西部地区。

二　对农村老年人养老风险估计结果的解释

第一，个体特征变量对农村老年人养老风险的影响。年龄每增加1岁、教育年限每增加1年、健康状况每提高一个水平，农村老年人面临较低程度养老风险的概率发生比，将分别增加3.1%、3.2%和32.8%，已婚的老年人面临较低养老风险的概率发生比是非在婚（离婚、丧偶和未婚）老年人这一概率发生比的1.88倍。教育年限和健康状况是老年人人力资本的重要来源，人力资本越高，老年人的资源准备越多，面对养老风险的心态更积极，对养老问题就可能越不担心，这是较为合理的。正所谓少年夫妻老来伴，配偶的陪伴，不仅降低了老年人的孤独概率，还增加了相互照料资源。因此，已婚老年人较低程度担心养老问题也是合理的。而年龄越大，越不担心养老问题，这与常理不符。这可能的解释有：一是不确定是风险的本质性，不确定性越大风险越大，从概率角度讲，年龄越大，不确定性越小，如死亡风险；二是年龄越大，得到高龄津贴的预期越稳定，为老年人应对养老风险提供了潜在资源。因此年龄越大，老年人养老担心度越低。农村老年人养老风险的性别差异没有通过显著性检验。

第二，外部保障体系变量对农村老年人养老风险的影响。医疗保险、邻里互助、所在地区三个解释变量，对农村老年人的养老风险有显著影响。医疗保险补偿比例越高、邻里互助越好和东部地区的农村老年人，面临的养老风险越低，这与假设 1 相符。医疗保险补偿水平、邻里互助水平每提高一个层次，农村老年人面临较低养老风险的概率发生比将分别降低 11.5% 和 46.8%，东部地区农村老年人面临较低养老风险的概率发生比是西部地区农村老年人这一概率发生比的 2.1 倍。养老保险对农村老年人养老风险的影响没有通过检验，这与假设 1 不符。可能的解释是农村老年人养老金水平普遍较低，87.6% 的农村老年人养老金在 100 元以下，很难为老年人提供稳定的安全保障预期。值得注意的是，养老保险与养老风险的正向关系，这预示着提高农村养老金水平将有助于降低农村老年人的养老风险。中部地区和西部地区农村老年人面临的养老风险无显著差异。

第三，内部保障能力变量对农村老年人养老风险的影响。家庭存款、家庭规模和家庭代际关系三个变量，对农村老年人的养老风险有显著影响。家庭存款每上升一个水平（2 万元），农村老年人面临较低养老风险的概率发生比将增加 20.9%；家庭规模每增加一个成员，农村老年人面临较低养老风险的概率发生比将增加 9.1%；家庭代际关系质量每下降一个水平，农村老年人面临较高养老风险的概率发生比将增加 26.7%。这与假设 2 相符。而儿子数量和女儿数量对农村老年人养老风险的影响，没有通过检验，这与假设 2 不符。可能的解释：一是当前的农村老年人尽管有较多子女，但是农村彩礼的急剧增加，导致很多农村老年人子女本身面临着很大压力，因此子女数多并不能给老年人更多的实际支持，甚至可能成为负担，如啃老；二是代际支持倾斜，即有限的资源更倾向于"养小"而非"养老"①。因此，子女数量对农村老年人养老风险的影响并无显著差异。

如果说了解农村老年人的养老风险程度为我们准确把握农村养老风险的严重性提供了条件，分析农村老年人养老风险的影响因素为我们应对养老风险的分类施策提供了依据，那么，分析农村老年人的养老期望及其地区差异，则为我们提出针对性、合意性的农村养老风险应对策略提供了重要基础。那么，农村老年人的养老期望是什么呢？

第五节　本章小结与政策讨论

本章采用来自 2016 年 12 个省 1395 位农村老年人的调查数据，采用 Ordinal Logistics 回归模型，实证分析农村老年人的养老风险与养老期望，研究结论与政策启示是：

一　农村老年人对养老风险并没有表现出过度的忧虑

1395 位农村老年人中，只有 32.4% 的老年人表示担心养老问题，这说明农村老年人对养老问题并没有表现出过度的忧虑，农村老年人的养老风险还不是影响农村社会和谐与稳定的突出问题。从养老风险形式来看，农村老年人面临的主要养老风险是经济风险，有超过 65% 的农村老年人担心缺乏经济来源和生病得不到治疗，面临生活照料和精神慰藉等非经济养老风险的农村老年人所占比例不到 35%。这启示我们：首先，无论是政府还是学者，我们对现有农村老年人的养老风险无须过度忧虑；其次，解决农村老年人的养老风险，现重点要放在如何解决他们的经济风险方面。

二　家庭内外部保障显著影响农村老年人的养老风险

反映家庭外部保障的医疗保险、邻里互助和所在地区和反映家庭

① 范成杰：《代际关系下位运行及其对农村家庭养老影响》，《华中农业大学学报》（社会科学版）2013 年第 1 期。

内部保障的家庭存款、家庭规模和代际关系，对农村老年人的养老风险有显著影响。医疗保险补偿水平越高、邻里互助越好和东部地区的农村老年人，面临的养老风险越低；家庭存款越多、家庭规模越大和代际关系越好的农村老年人，面临的养老风险越低。这启示我们：首先，有效降低农村老年人的养老风险，应该加强养老保障体系建设。其中，家庭外部保障建设的重点在于提高医疗保险补偿水平、促进邻里互助和改善社区福利；家庭内部保障建设的重点不是鼓励人们多生子女，而是改善代际关系和鼓励老年人储蓄。养老保险与养老风险的正向关系，预示着提高农村老年人的养老金水平，将有可能降低农村老年人的养老忧虑。

三　农村老年人的养老风险存在明显的个体差异

教育年限越长、健康状况越好和已婚的农村老年人，越可能面临较低程度的养老风险。教育年限每增加一年、健康状况每上升一个水平，农村老年人面临较低程度养老风险的概率发生比将分别下降 3.2% 和 32.8%。已婚的农村老年人，面临较低程度养老风险的概率发生比是其他婚姻状态老年人这一概率发生比的 1.88 倍。年龄越大的农村老年人，面临较低程度养老风险的概率更大。农村老年人养老风险的个体差异启示我们：增加农村教育投资、鼓励老年人积极锻炼身体和鼓励老年人再婚，有助于降低农村老年人的养老风险。进一步提高农村老年人的高龄津贴，不仅有助于提高农村高龄老年人的生活质量，也有助于降低农村老年人的养老风险。

四　农村老年人化解养老风险的主要期望是家庭

农村老年人化解养老经济支持、生活照料和精神慰藉风险的主要期望是家庭，依靠社会不再是当前农村老年人应对养老风险的主要期望。农村老年人的养老期望存在显著的地区差异，但依靠家庭是不同地区当前农村老年人化解养老风险的相同选择。无论是经济支持，还是非经济支持，东部地区的农村老年人对依靠社会化解他们的养老风险有较高期望，而中西部地区农村老年人的这一期望很低。这一方面印证了国家十三五发展规划提出的"机构养老为补充"政策定位的合理性，也为我们有效化解农村老年人的养老风险提供了重要启示，即解决当前农村老年人的养老风险，应更加注重家庭保障建设，而不是把他们推向社会。

第九章　研究结论与政策含义

第一节　农民养老问题的主要研究结论

本书通过对农民养老背景的介绍，引出脆弱性概念及其分析框架，利用脆弱性分析框架以及对脆弱性与依赖性、农民养老困境的因果关系分析，从经济依赖性角度分析了具有什么特征的农民具有经济依赖性，而不是自立来养老，具有哪些经济依赖性特征的农民将来或现在面临着更大的养老脆弱性；采用集对分析的脆弱性评价方法，定量分析了农民养老脆弱性的省际差异及其影响因素；从地区和代际的角度，分析了农民养老风险、策略与期望的代际差异和地区差异；从群体和典型区域的角度，分析了农民养老风险的影响因素。

本书的分析基础是具有经济依赖性特征的农民比自立的农民在养老问题上面临着更大的养老风险，其脆弱性也相对越高，越是需要政府的制度保障，其中，经济依赖性作为农民养老困境的"媒介"变量进行农民养老脆弱性问题分析；不同地区农民的个体特征、家庭资源禀赋、养老观念、风险应对能力等均不相同，因此，他们的养老脆弱性也应该存在相应的差异性；农民养老脆弱性及其省际差异的影响因素的不同，决定了农民面临的养老风险、应对策略和养老期望的地区差异和代际差异。本书的主要研究结论如下：

一　理论分析及其推论

第二章首先介绍了脆弱性的基本概念及其分析框架，指出所谓脆弱性是指由个体、组织、系统的内部结构和特征决定的，由于对内外风险扰动的敏感性高、抵抗能力差和弹性小而容易在内外风险冲击中失去其系统原有结构、状态、存在形式及其功能的一种属性和不稳定状态。农民养老脆弱性分析框架是站在"家庭单位"的视角，从人口学特征维度、家庭资源禀赋维度、保障体系维度和风险扰动维度，构建一个反映农民养老风险敏感性高、抵抗力差和恢复力低的一种综合分析方法，用于分析农民养老脆弱性。其次，以此为基础，把农村养老的脆弱性来源分为个人特征因素、家庭特征因素、保障体系因素和社会转型因素四个方面。

个人特征因素包括人口性别结构、年龄结构、文化程度、民族、婚姻状况等；家庭特征因素包括家庭规模小型化、家庭结构核心化趋势、家庭整体教育水平较低；保障体系因素分为传统与现代两个方面，传统上的保障体系主要包括土地保障、家庭保障、集体保障以及社会救助等；现代养老保障体系包括社会养老保险和社会服务体系以及救济制度的规范化等方面；社会转型因素包括计划经济向市场经济的转变、农业社会向工业社会的转变、劳动方式的转变，社会组织形式和社会关系的变化、社会活动场所由乡村向城市的转移、社会开放扩大、家长制管理方式向科层制管理方式的转变，总体而言，传统与现代社会管理基础和方式的变迁弱化了中国特色传统保障，共同构成农民养老脆弱性的促进因素。

二　农民养老脆弱性的影响因素

第三章构建了"依赖于脆弱性分析框架"，从"经济依赖性—脆弱性—养老困境"的因果关系出发，利用来自全国10个省市35个行政村的最新调查数据，对农民养老脆弱性影响因素进行了实证检验。

总体上看，农民的文化水平比较低，且随着年龄的增加，农民的文化程度明显降低；农民的健康状况普遍较好，但随着年龄的增加，农民的健康水平呈现逐渐下降趋势，且老年农民健康状况最差；在家庭特征方面，农村中核心家庭占有很大比例，农村家庭普遍存款很少或没有存款，农民收入水平仍然较低，且存在收入差距问题，同时，随着年龄的增大，农民的收入能力和资产积累能力呈现出明显的下降。

农民养老脆弱性受到个体特征、家庭特征、社区特征和地区特征四个方面因素的显著影响。在家庭特征变量中，相对于依靠自己的劳动收入和储蓄而言，有儿子的农民更倾向于依靠儿女养老、依靠社会救助，没有儿子的农民更倾向于依靠社会养老保险；家庭劳动力数量越多，选择依靠子女赡养、靠社会养老保险和靠社会救助的可能性越大；家庭收入越多越不倾向于依靠子女和社会救助赡养，而更多的是选择依靠自己劳动收入和储蓄养老；有存款的家庭比没有存款的家庭更倾向于依靠自己的劳动和储蓄养老。

在个体特征变量中，相对于依靠自己劳动和储蓄而言，女性、年龄越大的农民越倾向于依靠儿女赡养或社会养老保险。教育年限对选择靠社会养老保险具有显著性影响，养老观念对依靠儿女赡养具有负向影响，对靠社会养老保险具有正向影响。在社区特征变量中，相对于依靠自己劳动收入和储蓄而言，纯农户比农业兼业户、非农户等其他农户类型更倾向于依靠儿女和政府救助赡养；具有管理者身份的农民比不具有管理者身份的农民更倾向于靠社会养老保险解决经济保障问题。在地区特征变量中，相对于依靠自己劳动和储蓄而言，东部地区比中西部地区、平原地区比山区或丘陵地区、试行了新农保比没有试行新农保地区的农民更不倾向于依靠儿女赡养；东部地区比中西部地区更可能倾向于依靠社会养老保险。以上结果对于我们认识农民养老问题的脆弱性提供了理论基础，也为相关政策选择提供了一定参考价值。

三　农民养老脆弱性省际差异的影响因素

第四章通过引入脆弱性分析框架，构建"养老脆弱性评价指标体系"，利用集对分析方法对我国农村地区养老系统的脆弱性及其所存在的地域差异进行了量化评估，研究发现，我国农村地区养老脆弱性整体上处于中等脆弱状态，从分区域视角来看，东部省份农村地区养老脆弱性明显低于中、西部地区省份。由于某一地区养老脆弱性是其养老敏感性和养老应对能力相互作用的结果，本章对于养老脆弱性的评估综合考虑了养老敏感性和养老应对能力状况，集对分析结果表明我国各省农村地区敏感度以较低为主，总体呈现出低敏感性状态，且各省农村地区养老敏感性存在很大差异；我国养老应对能力水平较为一般，且东部省份养老应对能力优于西部地区、西部地区养老应对能力优于中部地区。

为了进一步明确制约养老脆弱性降低的障碍因素，本章引入了障碍度模型来分析各个指标对农村养老系统的影响，结果表明，在众多影响农村地区养老脆弱性的因素中，老年抚养比、国家级贫困县数量、低保中老年人占比、农作物受灾面积、医疗保健支出占消费支出比例是对全国各省农村地区养老脆弱性产生最主要影响的五个因素，就不同地区而言，虽然中、西部省份养老脆弱性主要影响因素中有部分重叠，但东、中、西三个地区农村养老脆弱性的影响因素本质上存在较大差异。

整体而言，农村养老的脆弱性受地区经济发展水平与其所决定的公共养老服务供给水平的影响，如何降低养老脆弱性应该考虑地区差异性，不同地区和省份的侧重点应有所不同。本研究认为对于东部地区而言，应继续提升财政支出中社会保障支出所占的比例、降低农村恩格尔系数，对于中西部地区，在促进经济发展的同时注重发展的"涓滴效应"和"益贫效应"，并建议通过进一步优化农村养老服务体系的政策支持和供给水平、中央政府要通过加大非农村地区和中西部省份的资金和政策支持力度等方式完善农村养老服务体系建设。

四　农民养老问题的代际差异及其结论

农民的养老风险、策略与期望是农民养老问题的三个方面。本章在分析已有文献的基础上，从代际差异的角度出发，利用来自全国十个省份的1032位农民的调查数据进行实证分析，更加具体地阐述了农民养老风险、养老策略的选择以及他们的养老期望。

首先，从农民的养老风险及其代际差异来看，农民养老风险的表现形式，包括经济保障风险、生活照料风险和精神慰藉风险三个方面。总体来看，农民的养老风险并不是非常严重，只有44.1%的农民担心自己的养老问题，但代际差异显著。20世纪70年代出生的农民比20世纪50年代、60年代和80年代出生的农民面临更大的养老风险，而相对而言，20世纪70年代出生的农民面临的经济保障风险最为突出。

其次，从农民的养老策略及其代际差异来看，以儿女赡养为主的非正式支持依然是农民养老的主要来源，但依靠自己是农民养老的主要策略。从代际差异的角度来看，20世纪50年代到80年代，农民的养老观念由"依赖养老"逐渐向"独立养老"转变，且参与社会养老保险的意向逐步增强。但由于现代社会保障制度的长期缺位和低水平，以及农民的独立养老能力较低，依靠子女仍然是农民解决老年保障问题的主要策略安排。

再次，从农民的养老期望及其代际差异来看，农民对子女养老的期望最大，对政府养老和法律保障的期望较低，养老期望的代际差异显著。从20世纪50年代到80年代，农民对于"子女养老"的期望程度逐渐下降，这一结果与农民在养老策略的选择上更多的选择依靠自己这一趋势相吻合。20世纪70年代出生的农民对"政府养老"和"老年权益得到保障"的期望最大，而20世纪80年代出生的农民期望最低。

农民在养老风险、策略以及期望的代际差异，共同揭示的是农民养老资源、养老条件、法制环境以及养老观念等方面的代际差异。因此，基于本章的分析与研究结论，本书认为，在于农民的养老问题上，应该注重其代际差异性，在制定具体的社会政策时应该分对象、分内容、分方式。在对于农民的养老问题也不必过于担忧，在促进家庭养老模式健康发展的同时，政府应当加快农村社会保障体系与制度建设，更好地解决我国农民的养老问题。

五　农民养老问题的地区差异及其结论

农民的养老问题不仅存在显著的代际差异，也可能存在显著的地区差异。我国是一个经济发展水平、社会发展环境在地区之间极不均衡的国家，这些差异决定了不同地区的农民，在经济收入水平、社会服务体系、家庭资源禀赋以及养老观念等方面，都存在着明显的地区差异性。基于此背景，本书利用全国10个省市35个行政村的千户农民调查数据，探究农民养老风险、策略及期望的地区差异，以期为我国制定社会政策解决不同地区农民养老问题提供更好的参考。

实证分析结果表明，东、中、西部地区农民面临的养老风险、应对策略以及养老期望，皆表现出显著的不同。

第一，农民的养老风险并不是特别突出，但养老风险的地区差异非常明显。中西部地区比东部地区面临更大的养老风险，东部地区比中西部地区面临更加突出的非经济养老风险，而中西部尤其是西部地区面临的经济保障风险更为突出。

第二，依靠自己是农民养老的最主要策略，但养老策略的地区差异显著。总体来看，农民在面临养老困境时，首先想到的还是从子女那里获得帮助，但是"靠自己的储蓄和家庭财产"来解决老年生活的经济需求是不同地区农民作出的首要的相同策略安排。东部地区对于参与社会保险意向最强，中部地区则更倾向于传统的子女养老模式，西部地区的选择呈现多元化趋势。

第三，不同地区的农民对于政府养老和法律保障的期望差异显著，对于子女养老的期望地区差异则不显著。西部地区农民对政府养老和法律保障的期望最大，东部地区最低，这一差异有可能是由不同地区老年农民最低经济需求水平不同而导致的。

基于以上分析，我们认为不同地区在制定解决农民养老问题的社会政策时，应该充分考虑所在地区农民养老面临的主要风险、应对策略以及对养老的期望，使有限的农村社会保障资源为农民带来最大的社会福利效应。

六　农民养老风险的影响因素

关于农民养老风险的影响因素，我们分别从地区角度和群体角度两个方面进行了实证检验。其中在地区检验中，我们利用来自典型地区726位农民的调查数据，把农民养老风险纳入可持续生计框架，从养老资源的角度，实证分析了农民养老风险及其影响因素；在群体检验中，我们利用来自全国1395位农村老年人的调查数据，基于脆弱性分析框架，实证分析了农村老年人的养老风险及其影响因素。综合前文关于农民养老风险的地区差异和代际差异，我们构建了"四位一体"的立体审视农民养老风险的总体框架，以期更加全面地认识农民的养老风险及其结构差异。

首先，农民养老风险的总体形势。农民的养老风险并不是非常突出，典型地区的调查结果表明，只有不到50%的农民担心养老问题，即他们没有明确感知面临养老风险；群体角度的调查结果表明，只有32.5%的农村老年人明确表示担心养老问题，即他们可能面临养老风险。这可以得出以下判断：即农民的养老风险并不是一个非常普遍的现象，也不是一个非常严重的社会问题，我们不必对农民养老风险过度的忧虑，但是值得强调的是，这绝不是政府逃避农民养老责任的依据和理由，相反，无论是出于共建共治共享的时代发展需要，还是出于促进代际公平的社会需要，政府都应该加大对农村老年农民的财力支持力度。

其次，农民养老风险的结构差异。农民面临的养老风险，有广义和狭义之分，广义的养老风险太过宽泛，也不是政府急需关注的重点；狭义的养老风险，即经济保障风险、生活照料风险和精神慰藉风险，才是政府应该重点关注的问题。实证研究表明，农民的养老风险存在明显的结果差异和优先顺序。在农民面临的养老风险中，经济保障风险是农民面临的首要养老风险，其次是生活照料风险，最后才是精神慰藉风险。无论是典型区域的调查结果，还是群体角度的调查结果，均支持这一研究结论。

再次，农民养老风险的影响因素。站在不同的角度看，农民养老风险的影响因素是有差异的，从典型区域角度看，自评健康、社区环境、社区交通、干群关系、家庭存款五个因素，是影响农民养老风险程度的共性因素；影响农民养老风险形式的资源因素，也体现在多个方面，但是不同民族之间并不能找到共性的影响因素。从群体角度来看，反映家庭外部保障的医疗保险、邻里互助和所在地区以及反映家庭内部保障的家庭存款、家庭规模和代际关系，对农村老年人的养老风险有显著影响；医疗保险补偿水平越高、邻里互助越好以及东部地区的农村老年人，面临的养老风险越低；家庭存款越多、家庭规模越大和代际关系越好的农村老年人，面临的养老风险越低。

最后，农民养老风险的人口学因素。性别、年龄、婚姻状况、文化程度、民族状况等是最为常见的人口学因素。它们反映了农民养老风险的个体差异，而且这种差异更多反映了基于人口学特征基础上形成的价值观、风险偏好、风险认知等的差异。因此，在分析农民养老风险的影响因素时，往往需要把农民的个体人口学特征因素控制起来，目的是为了更加准确地反映其他因素对农民养老风险的边际影响。在诸多人口学特征因素中，比较典型的人口学特征因素是年龄因素、婚姻状况和民族状况，他们对农民养老风险的影响是值得重点关注的方面。实证研究结果表明，年龄、婚姻状况是影响农民养老风险的重要因素，年龄越大、非在婚（离婚、丧偶、未婚）的农民，他们面临的养老风险更大，而农民养老风险的民族差异并不存在，这具有重要的现实意义，即政府在应对农民养老风险的资源投入时，应该淡化民族本身的因素，加大对民族集聚地区、生活环境较差地区的社会政策支持力度，这样才能起到事半功倍的效果。

第二节 完善农民养老保障的政策建议

一 提高对农民养老保障问题的认识

提高对农民养老保障问题的认识，才能够给予足够的重视和支持。农民占我国总人口中的绝大多数，农民养老问题的解决，对中国社会保障制度的发展、农村社会稳定和全面小康社会的建设都具有全局性战略意义。在新中国70年的发展中，农民为国家建设做出了不可磨灭的贡献。对于这一点，周天勇教授指出，不计算革命时期农民的无价贡献，不计算农村储蓄向城市和工业提供的有偿的信贷资金，也不计算过去农民为国家交的税收和各种收费，按现价折算，仅仅以工农产品价格剪刀差、土地、工资差和未上社保等几项，农民自新中国成立后为工业化和城市化提供的积累，最保守估计也高达30万亿元。[①]

当前，随着工业化、市场化、城镇化的发展以及计划生育政策的实施等，在快速的人口老龄化和高龄化面前，农民面临的养老问题日益严重，此刻亟需是国家进行补偿。然而，国家在建立健全农村社会养老保障问题上却存在很多错误性认识，比如认为"政府没有承诺"，认为"国家缺乏经济实力"，认为"农民有土地保障和家庭保障"等[②]，没有给予农民养老保障足够的重视和地位，如果继续这种认识，将延误农村社会养老保障制度建立的战略机遇期，这潜藏着很大的社会风险。因此，必须提高对农民养老保障问题的认识，加快建立与农村经济发展水平相适应，受农民欢迎的社会养老保障制度。

[①] 周天勇：《现代化要对得起为发展做出巨大贡献的农民》，《中国经济时报》2007年7月9日。
[②] 刘翠霄：《天大的事：中国农民社会保障制度研究》，法律出版社2006年版，第89—118页。

二 增强农民养老保障的内部支撑能力

农民收入水平比较低是农民养老脆弱性的根本原因，降低农民养老脆弱性，增强养老风险的应对能力，是解决农民养老问题的重中之重。当前，农民面临的最大风险依然是经济保障风险，农民面临的风险与农民的收入水平呈现明显的相反趋势，即收入水平越高的农民面临的养老风险就越低，收入水平越低的农民面临的养老风险就越高。农民的经济水平不仅决定着农民面临的经济保障风险，对其他非经济养老风险也有重要影响，这已经从农民老年生活每月最低经济需求与农民养老期望的关系中得到证明，并从反面证明了农民收入越低，其面临的非经济养老风险也是越高的，越是期待子女、政府以及法律的保障，当这些依赖性需求得不到满足时，农民的养老就陷入困境，如果不加以重视和解决，个体的养老风险就会越积越多，导致个体风险的扩大化，即社会风险发生。因此，千方百计增加农民收入，是解决农民养老保障的首要问题。

基于此，本书认为，其一，政府有必要在确保农民工充分就业的前提下，提高农民工工资，对拖欠农民工工资的单位给予必要的惩戒，确保农民工工资稳定增加，制定合理的补偿标准和科学的补偿模式，妥善安置失地农民。其二，加大农村剩余劳动力的有序转移，解决农村地区大量的隐性失业问题。其三，应该加大农村土地流转力度，鼓励农村土地适度规模经营，提高种植业农民的规模经济效益。其四，加强基层党组织建设。基层党组织在农村经济发展中起着重要作用，尤其是在农民致富、养老干预等方面，加强基层党组织的组织作用，对解决农民养老保障问题具有重要意义。

三 健全农民养老保障的外部保护体系

健全农民养老的外部保障体系主要应从以下几个方面着手：

第一，提升农民社会养老保障体系的保障水平。新农保从 2009 年开始试点到 2012 年已经基本实现全覆盖，提前完成国家计划的到 2020 年基本实现全覆盖的目标。但是，还应该看到当前农村社会养老保障体系仍然十分薄弱，这不仅体现在传统的家庭保障、土地保障以及依托于传统大家族的社区保障的持续弱化，还体现在新农保的保障水平比较低的方面，新农保基础养老金在 2009 年试点时只有 55 元左右，即便是到 2018 年年底基础养老金也才增加到 70 元左右，而这样的保障水平难以起到保障农民老年生活的作用。因此，完善农村社会养老保障体系，最为迫切的是加快提升农村社会养老保险的保障水平。

第二，继续完善农村医疗保险制度。农村合作医疗制度的实施为解决农民"看病难，看病贵"的问题提供了重要作用，但仍存在报销比例太低、报销的药物目录太窄、农民普遍受益不高等问题，因此，应该进一步完善这一制度，提高补偿比例，增加农民的收益水平。自 2016 年城乡居民基本医疗保险制度合并以来，农村医疗保险的保障水平得到很大提高；2018 年成立国家医疗保障局，这为建立健全国家医疗保障体系提供了重要条件和保障。但是，如何倾斜性地把更多的财力投入到基层医疗机构，仍然是当前和今后相当长时期内农村医疗保障水平提升的关键任务。

第三，进一步完善社会救助制度，尤其是农村"五保"和低保制度。当前的农村"五保"制度和低保制度，标准偏低，只能够维持基本的生活。一旦这些人群患病或其他大额支出，生活立即陷入困境，应进一步加大保障力度。

第四，加大财政资金的中西部地区倾斜力度，特别是在社会救助方面。而东部发达地区基本上可以取消社会救助，把有限的资金更多地向中西部地区转移，特别是西部偏远贫困地区。

第五，完善社会服务体系和设施。随着经济发展和社会的进步，农民的非经济养老需求逐渐增加，在传统养老保障难以为继的情况下，完善社会服务体系，可以有效地弥补传统保障的不足。

第六，在中东部地区大力发展商业养老保险。这主要是因为商业养老保险的发展需要较强的经济支撑和投保意愿，而调查数据显示了中东部地区已初步具备开展商业保险的条件。

四　完善农民养老的其他配套设施

完善农民养老的其他配套设施建设，主要有以下四方面内容：一是计划生育政策的改革；二是户籍制度的改革；三是法律制度的健全；四是大力发展农民协会或社区组织建设。中国的总和生育率从 20 世纪 90 年代末期开始，已经进入持续走低趋势，现在已经处在国际上公认的"低生育率陷阱"的边缘，稍有不慎，中国人口将掉入低生育率陷阱而难以自拔，进而带来中国总体人口的萎缩和人口结构的快速老化。因此，需要改革现有的计划生育政策。

随着人口老龄化、高龄化的快速到来，人们面临的养老风险不仅仅局限于经济保障方面，非经济养老风险正在增加，农民的非经济养老需求也在与日俱增。调查数据已经反映，东部地区的农民有着更强的依靠"生儿育女"来解决养老问题的意愿，"生儿育女"对解决农民的非经济养老风险作用将更加明显。因此，现在某些地方，全面放开生育并适度鼓励二胎的政策是合理的，也是符合农民生育需求和当前的人口发展形势的，有利于农民养老问题的解决。

对户籍制度进行改革，有利于减少农民工在流动中被"剥夺和排斥"的问题，提高农民工的城市"融入"和社会保障权获得。[①] 同时加快法制建设，加大对"农民工"、"失地农民"和"耕地农民"[②] 的保护力度，确保上述三种农民的养老保障权益得到制度保障。

在城市化进程中，农民始终是一个弱势群体，无论是已经进城入户的新市民，还是过着"两栖生活"的外出农民工，他们的权益常常在资本与劳动的"博弈"中深受其害。因此，大力发展农民协会和农村社区组织，有利于提高农民在市场竞争中的谈判力，有利于更新农业生产经营模式，有利于提高农民收入，增强农民的养老保障能力。

结束语：农民养老问题的重要性和紧迫性，迫使我们必须从现在立足长远的角度采取切实的措施加以解决。希望通过上述政策的建立和完善，让农民养老问题能在社会各界的大力支持下，得到较快和很好的解决，希望广大农民的老年生活能够更加安定和谐。

---

① 邓大松、胡宏伟：《流动、剥夺、排斥与融合：社会融合与保障权获得》，《中国人口科学》2007 年第 6 期。

② 邓大松、李琳：《耕地农民养老保险制度的路径选择》，《内蒙古社会科学》（汉文版）2008 年第 6 期。

参考文献

中文文献

安东尼·吉登斯：《失控的世界》，江西人民出版社 2001 年版。

巴力：《以家庭养老为主干完善农民养老保险体系》，《经济经纬》1999 年第 3 期。

财政部农业司：《公共财政覆盖农村问题研究》课题组：《公共财政覆盖农村问题研究报告》，《农业经济问题》2004 年第 7 期。注：本书被人大复印资料转载。

柴效武：《养老资源探析》，《人口学刊》2005 年第 2 期。

陈彩霞：《经济独立才是农村老年人晚年幸福的首要条件》，《人口研究》2000 年第 2 期。

陈传波：《农户风险与脆弱性：一个分析框架及贫困地区的经验》，《农业经济问题》2005 年第 8 期。

陈传波、丁士军：《中国小农户的风险及风险管理研究》，中国统计出版社 2005 年版。

陈华：《中国银行体系脆弱性的综合判断与测度》，《学术研究》2006 年第 3 期。

程令国、张晔、刘志彪：《新农保改变了中国农村居民的养老模式吗?》，《经济研究》2013 年第 8 期。

戴建兵：《我国人口老龄化程度以及老年人口量与质的实证分析——基于"四普"、"五普"和"六普"数据》，《兰州学刊》2017 年第 2 期。

邓大松、陈文娟、王增文：《论中国的养老风险及其规避》，《经济评论》2008 年第 2 期。

邓大松、胡宏伟：《流动、剥夺、排斥与融合：社会融合与保障权获得》，《中国人口科学》2007 年第 6 期。

邓大松、李琳：《耕地农民养老保险制度的路径选择》，《内蒙古社会科学》（汉文版）2008 年第 6 期。

邓大松、王增文：《我国的养老风险及其规避问题探究——基于风险理论的视角》，《河南社会科学》2008 年第 5 期。

邓志旺、励丹霞：《浅议当前农村养老保障体系中的缺陷和问题》，《人口学刊》2000 年第 5 期。

丁少群：《城市化冲击农村家庭养老和土地保障》，《中国国情国力》2004 年第 5 期。

丁士军、陈传波：《经济转型时期的中国农村老年人保障》，中国财政经济出版社 2005 年版。

都阳：《教育对贫困地区农户非农劳动供给的影响研究》，《中国人口科学》1999 年第 6 期。

杜林：《后农业税时代农村改革探讨》，《新视点（宿州）》2006 年第 3 期。

杜鹏、王武林：《论人口老龄化程度城乡差异的转变》，《人口研究》2010 年第 2 期。

段世江、张岭泉：《农村独生子女家庭养老风险分析》，《西北人口》2007 年第 3 期。

范成杰：《代际关系的价值基础及其影响——对江汉平原农村家庭养老问题的一种解释》，《人口与发展》2012 年。

范成杰：《代际关系下位运行及其对农村家庭养老影响》，《华中农业大学学报》（社会科学版）2013 年第 1 期。

范如国：《"全球风险社会"治理：复杂性范式与中国参与》，《中国社会科学》2017 年第 2 期。

费孝通：《家庭结构变动中的老年赡养问题——再论中国家庭结构的变动》，《北京大学学报》（哲学社会科学版）1983 年第 3 期。

费孝通：《乡土中国·生育制度》，北京：北京大学出版社 1998 年版。

风笑天：《从"依赖养老"到"独立养老"——独生子女家庭养老观念的重要转变》，《河北学刊》2006 年第 3 期。

冯继康、李岳云：《"三农"难题成因：历史嬗变与现实探源》，《中国软科学》2004 年第 9 期。

高和荣：《构建中国农村养老方式——以江苏两镇为例》，《人口学刊》2002 年第 1 期。

葛笑如：《中国风险社会的公共治理之道》，《中共四川省委省级机关党校学报》2012 年第 6 期。

国家统计局：《2018 年国民经济和社会发展统计公报》（http：//www. stats. gov. cn/tjsj/zxfb/201902/t20190228_ 1651265. html）。

韩峥：《脆弱性与农村贫困》，《农业经济问题》2004 年第 10 期。

韩峥：《广西西部十县农村脆弱性分析及对策建议》，《农业经济》2002 年第 5 期。

郝明松、于苓苓：《双元孝道观念及其对家庭养老的影响——基于 2006 东亚社会调查的实证分析》，《青年研究》2015 年第 3 期。

贺赛平：《社会网络与生存状态——农村老年人社会支持网研究》，中国社会科学出版社 2004 年版。

侯志阳：《一个文化社会学的新视角：管窥农村养老文化的困境与出路》，《人口与计划生育》2007 年第 8 期。

华迎放，孙莹：《农村社会保障制度框架构建研究》，《人口与经济》2005 年第 4 期。

黄乾：《农村养老资源供给变化及其政策含义》，《人口与经济》2005 年第 6 期。

黄晓军、黄馨、崔彩兰等：《社会脆弱性概念、分析框架与评价方法》，《地理科学进展》2014 年第 11 期。

贾康、苏京春：《论供给侧改革》，《管理世界》2016 年第 3 期。

贾宁、袁建华：《基于精算模型的"新农保"个人账户替代率研究》，《中国人口科学》2010 年第 3 期。

姜杰凡、孙媛萌：《提高农民养老保障水平的新途径及法律实现》，《华中农业大学学报：社会科学版》2013 年第 4 期。

晋利珍：《罗尔斯公平正义论对我国农村社会保障制度建设的启示——基于经济伦理视角的分析》，《人口与经济》2008 年第 1 期。

柯惠新、沈浩:《调查研究中的统计分析法》，北京广播学院出版社 2005 年版。

孔祥智、涂圣伟:《我国现阶段农民养老意愿探讨——基于福建省永安、邵武、光泽三县（市）抽样调查的实证研究》，《中国人民大学学报》2007 年第 3 期。

乐章:《风险与保障:基于农村养老问题的一个实证分析》，《农业经济问题》2005 年第 9 期。

乐章:《福利多元主义视角下的医疗保险政策分析》，《公共行政评论》2009 年第 5 期。

乐章:《他们在担心什么:风险与保障视角中的农民问题》，《农业经济问题》2006 年第 2 期。

乐章、刘二鹏:《家庭禀赋、社会福利与农村老年贫困研究》，《农业经济问题》2016 年第 8 期。

李晨:《农民养老:一个迫在眉睫的问题》，《科学时报》2007 年 3 月 7 日。

李德民:《人民时评:有人为啥还是"屈死不告状"?》，人民网（http://opinion. people. com. cn/GB/）。

李鹤、张平宇:《全球变化背景下脆弱性研究进展与应用展望》，《地理科学进展》2011 年第 7 期。

李鹤、张平宇、程叶青:《脆弱性的概念及其评价方法》，《地理科学进展》2008 年第 2 期。

李建新、于学军等:《中国农村养老意愿和养老方式的研究》，《人口与经济》2004 年第 5 期。

李君如、吴焰等:《建设中国特色农村社会保障体系》，中国水利水电出版社 2008 年版。

李玲、郑功成:《养儿防老还是社会养老》，《书摘》2005 年第 5 期。

李小云、董强等:《农户脆弱性分析方法及其本土化应用》，《中国农村经济》2007 年第 4 期。

李迎生:《从分化到整合:二元社会保障体系的起源、改革与前瞻》，《教育与研究》2002 年第 8 期。

李迎生：《论我国农民养老保障制度改革的基本目标与现阶段的政策选择》，《社会学研究》2001年第5期。

刘冰、赵子乐：《农村社会养老风险与"新农保"防控能力研究》，《农村经济》2012年第12期。

刘从龙：《探索中的中国社会养老保险》，《党政干部文摘》2006年第2期。

刘翠霄：《天大的事：中国农民社会保障制度研究》，法律出版社2006年版。

刘俊喆：《初探农民养老形式对生育的影响》，《社会》1983年第6期。

刘燕华、李秀彬：《脆弱性生态环境与可持续发展》，《背景》，商务印书馆2001年版。

刘祖云主编：《社会转型解读》，武汉大学出版社2005年版。

卢海元：《土地换保障：妥善安置失地农民的基本设想》，《中国农村观察》2003年第6期。

陆杰华、卢镱逢：《失独家庭扶助制度的当下问题与改革路径分析》，《国家行政学院学报》2014年第6期。

罗元文：《中国农村老年人口的养老问题研究》，《甘肃社会科学》2008年第6期。

毛才高：《从传统的家庭养老谈我国农村养老模式的发展与对策》，《江苏社会科学》1998年第1期。

蒙吉军、艾木入拉、刘洋、向芸芸：《农牧户可持续生计资产与生计策略的关系研究》，《北京大学学报》（自然科学版）2013年第2期。

孟德拉斯：《农民的终结》，李培林译，中国社会科学出版社2010年版。

米红主编：《农村社会养老保障理论、方法与制度设计》，浙江大学出版社2008年版。

穆光宗：《独生子女家庭的非经济养老风险及其保障》，《浙江学刊》2007年第3期。

穆光宗：《老龄人口的精神赡养问题》，《中国人民大学学报》2004年第 4 期。

穆光宗：《老年人需要精神赡养》，《中国人口报》1994 年 12 月 19 日。

穆光宗：《失独父母的自我拯救和社会拯救》，《中国农业大学学报》（社会科学版）2015 年第 3 期。

穆光宗：《我国农村家庭养老问题的理论分析》，《社会科学》1999 年第 12 期。

穆光宗：《中国传统养老方式的变革和展望》，《中国人民大学学报》2000 年第 5 期。

穆光宗、茆长宝：《人口少子化与老龄化关系探究》，《西南民族大学学报》（人文社科版）2017 年第 6 期。

穆光宗、王志成等：《中国老年人口的受教育水平》，《市场与人口分析》2005 年第 3 期。

穆光宗、吴金晶、常青松：《我国养老风险研究》，《华中科技大学学报》（社会科学版）2014 年第 6 期。

潘允康：《社会变迁中的家庭——家庭社会学》，天津社会科学出版社 2002 年版。

全国老龄委办公室：《中国人口老龄化发展趋势预测研究报告》，《中国社会报》，2006 年 2 月 27 日。

《人口研究》编辑部：《21 世纪的中国老龄问题：我们该如何应对?》，《人口研究》2000 年第 9 期。

世界银行：《2000—2001 年世界发展报告：与贫困作斗争》，中国财政经济出版社 2001 年版。

宋宝安：《老年人口养老意愿的社会学分析》，《吉林大学社会科学学报》2006 年第 4 期。

宋健：《"四二一"结构家庭的养老能力与养老风险》，《中国人民大学学报》2013 年第 5 期。

宋健：《农村养老问题研究综述》，《人口研究》2001 年第 6 期。

宋健：《中国"失独"家庭的养老问题与对策》，《探索与争鸣》2016 年第 1 期。

苏芳、蒲欣冬、徐中民、王立安：《生计资本与生计策略关系研究——以张掖市甘州区为例》，《中国人口资源与环境》2009 年第 6 期。

苏美蓉、杨志雄、陈彬：《基于生命力指数与集对分析的城市生态系统健康评价》，《中国人口·资源与环境》2010 年第 2 期。

孙文基：《建立和完善农村社会保障制度》，社会科学文献出版社 2006 年版。

田雪原：《"二元经济"结构下的农村养老保障改革思路》，《人口学刊》2002 年第 6 期。

万克德：《世纪之交的中国农村养老问题透析》，《人口学刊》2000 年第 1 期。

王翠琴：《农民工养老保险问题分析——基于公共财政的视角》，《当代财经》2008 年第 9 期。

王国军：《浅析农村家庭保障、土地保障和社会保障的关系》，《中州学刊》2004 年第 1 期。

王国军：《社会保障：从二元到三维》，《科技导报》1998 年第 8 期。

王济川、郭志刚：《Logistic 回归模型——方法与应用》，高等教育出版社 2001 年版。

王梅、夏传玲：《北京中青年家庭养老现状分析》，《人口研究》1994 年第 4 期。

王述智等：《关于当前中国农村养老问题及其研究的思考》，《人口学刊》2001 年第 1 期。

王跃生：《中国农村家庭的核心化分析》，《中国人口科学》2007 年第 5 期。

王增文、Antoinette H.：《农村"养儿防老"保障模式与新农保制度的社会认同度分析》，《中国农村经济》2015 年第 7 期。

魏华林、金坚强：《养老大趋势：中国养老产业发展的未来》，中信出版社 2014 年版。

巫俏冰：《社会政策研究的过程视角——以北京市农村社会养老保险制度为例》，《社会学研究》2002 年第 1 期。

吴帆：《中国养老资源供求状况与社会工作介入模式分析》，《人口学刊》2007 年 3 期。

吴海盛、江巍：《中青年农民养老模式选择意愿的实证分析》，《中国农村经济》2008 年第 11 期。

向德平、周晶：《失独家庭的多重困境及消减路径研究——基于"风险—脆弱性"的分析框架》，《吉林大学社会科学学报》2015 年第 6 期。

向新民：《对金融脆弱性的再认识》，《浙江学刊》2005 年第 1 期。

谢勇才：《老龄化背景下失独家庭养老模式向何处去》，《东岳论丛》2016 年第 8 期。

新华社总编室：《信心与希望：温家宝总理访谈实录》，新华出版社2010 年版。

熊汉富：《独生子女家庭老人精神赡养问题与对策》，《郑州航空工业管理学院学报》2008 年第 6 期。

许汉石、乐章：《生计资本、生计风险与农户的生计策略》，《农业经济问题》2012 年第 10 期。

薛惠元：《新农保能否满足农民的基本生活需要》，《中国人口·资源与环境》2012 年第 10 期。

薛晓源、刘国良：《全球风险世界：现在与未来——德国著名社会学家、风险社会理论创始人乌尔里希·贝克教授访谈录》，《马克思主义与现实》2005 年第 1 期。

杨德清、董克用：《普惠制养老金——中国农村养老保障的一种尝试》，《中国行政管理》2008 年第 3 期。

杨立雄：《"进城"，还是"回乡"？——农民工社会保障政策的路径选择》，《湖南师范大学社会科学学报》2004 年第 2 期。

杨在军：《脆弱性贫困、沉淀成本、投资与收益主体分离——农民家庭"因学致贫"现象的理论阐释及对策》，《调研世界》2009 年第 6 期。

姚远：《非正式支持：应对北京市老龄问题的重要方式》，《北京社会科学》2003 年第 4 期。

叶维增：《地尽其利人尽其才房尽其用提高农村生产要素效率是解决三农问题的根本途径》，路桥农村经济信息网（http：//lqare. luqiao. gov. cn/InfoPub/InfoView. aspx？ ID＝3945&CurrentPageIndex＝2007－06－12）。

于长久:《人口老龄化背景下农民的养老风险及其制度需求》,《农业经济问题》2011年第10期。

于长永:《慢性病对农村老年贫困的影响研究》,《西南民族大学学报》(人文社会科学版)2018年第3期。

于长永:《农村独生子女家庭的养老风险及其保障》,《西北人口》2009年第6期。

于长永:《农村养老问题的若干研究进展》,《乡镇经济》2008年第6期。

于长永:《农民"养儿防老"观念的代际差异及转变趋向》,《人口学刊》2012年第6期。

于长永:《农民的养老风险、策略与期望的地区差异分析》,《人口学刊》2010年第6期。

于长永:《农民养老风险、策略与期望的代际差异》,《农业经济问题》2015年第3期。

于长永:《他们在担心什么?——脆弱性视角下农村老年人的养老风险与养老期望探究》,《华中科技大学学报》(社会科学版)2018年第1期。

于长永、代志明、马瑞丽:《现实与预期:农村家庭养老弱化的实证分析》,《中国农村观察》2017年第2期。

于长永、乐章:《城市独生子女家庭的养老风险及其规避》,《社会科学管理与评论》2009年第2期。

于景元、袁建华、何林:《中国农村养老模式研究》,《中国人口科学》1992年第1期。

于学军:《中国人口老化的经济学研究》,《中国人口科学》1995年第6期。

于学军:《中国人口老龄化与代际交换》,《人口学刊》1995年第6期。

原新:《独生子女家庭的养老支持——从人口学视角的分析》,《人口研究》2004年第5期。

岳德军、王谦:《建立新型农村养老保障制度的思考》,《中国财政》

2003 年第 8 期。

詹姆斯·斯科特：《农民的道义经济学：东南亚的生存与反叛》，程立显等译，南京译林出版社 2001 年版。

张成福、陈占锋、谢一帆：《风险社会与风险治理》，《教学与研究》2009 年第 5 期。

张广科：《新型农村合作医疗制度支撑能力及其评价》，《中国人口科学》2008 年第 1 期。

张奇林：《制度的逻辑：中美医疗保障制度比较》，《社会科学辑刊》2007 年第 4 期。

赵曼、杨海文：《21 世纪中国劳动就业与社会保障制度研究》，人民出版社 2007 年版。

赵延东：《风险社会与风险治理》，《学习时报》2004 年 3 月 25 日。

郑功成：《推进我国社会保障改革的几点思考》，《中国软科学》2001 年第 4 期。

郑功成：《信心源于稳定的预期》，《人民日报》2012 年 10 月 31 日。

郑功成：《中国农村社会养老保障政策研究》，《人口与计划生育》2008 年第 3 期。

中国代际关系研究课题组：《中国人的代际关系：今天的青年人和昨天的青年人——实证研究报告》，《人口研究》1999 年第 6 期。

中国社会科学院农村发展研究所：《中国农村经济形势分析与预测——2007—2008》，社会科学文献出版社 2008 年版。

中华人民共和国国家统计局：《中国统计年鉴—2007 年》，中国统计出版社 2007 年版。

钟涨宝、李飞、冯华超：《养老保障能力评估对农民养老风险感知的影响及其代际差异——基于 5 省 1573 个样本的实证分析》，《人口与经济》2016 年第 6 期。

周绍斌：《老年人的精神需求及其社会政策意义》，《市场与人口分析》2005 年第 6 期。

周绍斌：《论道德建设与农民养老》，《人口与经济》2009 年第 4 期。

周天勇：《现代化要对得起为发展作出巨大贡献的农民》，《中国经济时报》2007 年 7 月 9 日。

周莹、梁红:《中国农村传统家庭养老模式的不可持续性研究》,《经济体制改革》2006 年第 5 期。

周莹、梁鸿:《中国农村养老资源缺失问题研究》,《南方人口》2005 年第 4 期。

周兆安:《家庭养老需求与家庭养老功能弱化的张力及其弥合》,《西北人口》2014 年第 2 期。

朱俊生:《农户对新农合的需求研究:一个分析框架》,《人口与发展》2008 年第 5 期。

左停、王智杰:《穷人生计策略变迁理论及其对转型期中国反贫困之启示》,《贵州社会科学》2011 年第 9 期。

外文文献

Barrientos, A., Gorman, M., Heslop, A. Old Age Poverty in Development Countries: Contributions and Dependence in Later Life. World Development. 2003, 31 (3): 555-570.

Brady, David. Reconsidering the Divergence between elderly, Child and overall Poverty. Research on Aging. 2004, 2 (6): 487-510.

Chambers R. et al., Working with farmers for better land husbandry. London: Intermediate Technology Publication. 1993, 87-95.

Cook, S., N. Kabeer and G. Suwannarat. 2003. Social Protection in Asia, Har-Anand Publication Pvt Ltd.

Dercon, Stefan: Assessing Vulnerability to poverty, Jesus College and CSAE, Department of Economics, Oxford University, 2001.

Eakin H, Luers A L. Assessing the vulnerability of social-environment systems [J]. Annual Review of Environment and Resources, 2006 (31): 365-394.

Fischhoff B. et al. Defining risk. Policy Sciences. 1984. 17 (9): 123-139.

G. F. White. 《Natural Hazards: Local, National, Global》[M], Oxford: Oxford University Press, 1974.

Hyman P Minsky. 《The Financial Fragility Hypothesis：Capitalist Process and the Behavior of the Economy in Financial Crises》，Edited by Cambridge University Press，1982.

Katz，R.，Intergenerational Family Relations and Subjective Well－being in Old Age：A Cross－national Study，European Journal of Ageing，2009，6（2）：79－90.

Llis，F.：Peasant Economics，Cambridge University Press，1988.

Lloyd－Sherlock，P.，Old Age and Poverty in Developing Countries：New Policy Challenges，World Development，2000，28（12）：2157－2168.

Lydia　Feito. Vulnerability. An. Sist. Sanit. Navar. 2007；30（Supl. 3）：7－22.

Moser，Caroline：The Asset－vulnerability Framework：Reassessing Urban Poverty Reduction Strategies，Washington D. C.：World Bank，1998.

Popkin，Samuel. The Rational Peasant：The Political Economy of Rural Society in Vietnam. Berkeley：University of California Press，1979.

Rank M R，Hirschal T. The Occurrence of Poverty Across the Life Cycle：Evidence from the PSID. Journal of Policy Analysis and Management. 2001，20（4）：737－755.

Roumasset：Rice and risk：Decision Making Among Low Income Farmers. North Holland，Amsterdam. 1976.

Schultz，Theodore W. Transforming Traditional Agriculture. New Haven，Conn. Yale University Press，1964.

Sharp，Kay：Measuring Destitution：Integrating Qualitative and Quantitative Approaches the Analysis of Survey Data，IDS Working Paper 217，2003.

SSI L. Elderly support in rural and suburban villages：implications for future support system in hina［J］. Social Science and Medicine，1994（2）：265－277.

Timmerman p. Vulnerability，Resilience and the Collapse of Society：A Review of Models and Possible Climatic Applications. Toronto，Canada：

Institute for Environmental studies, University of Toronto, 1981.

Tunner II B L, Kasperson R E, Matson P A, ea al. A Framework for Vulnerability Analysis in Sustainability Science. PNAS, 2003, 100 (14): 8074-8079.

Ulrich Beck. The Risk Society. Translated by Mark Ritter. London: Sage. 1992. Part I: 1-44.

Virginia, Robano and C. S. Stephen. Multidimensional Targeting and Evaluation: A General Framework with an Application to a Poverty Program in Bangladesh. Working Paper, 2013.

White G F. Natural Hazards: Local, National, Global [M]. Oxford University Press, 1974.

Zimmer, Zachary and Julia K wong. Family Size and Support of Older Adults in Urban and Rural China: Current Effects and Future Implications, Demography, 2003, 8 (1): 23-44.

Zimmer, Z. and J. Kwong. 2001 (a). Socioeconomic Status, Health, and Use of Health Services among Older Adults in Rural and Urban China. Paper Prepared for the Second International Symposium on Chinese Elderly: Enhancing Life Quality of the Elderly in the New Century, October 23 - 25, Shanghai, China.

Zimmer, Z. And P. Amorbsirisomboon. 2001 (b). Socioeconomic Status and Health among Older Adults in Thailand: An Examination Using Multiple Indicators. Social Science and Medicine. 52 (8).

a